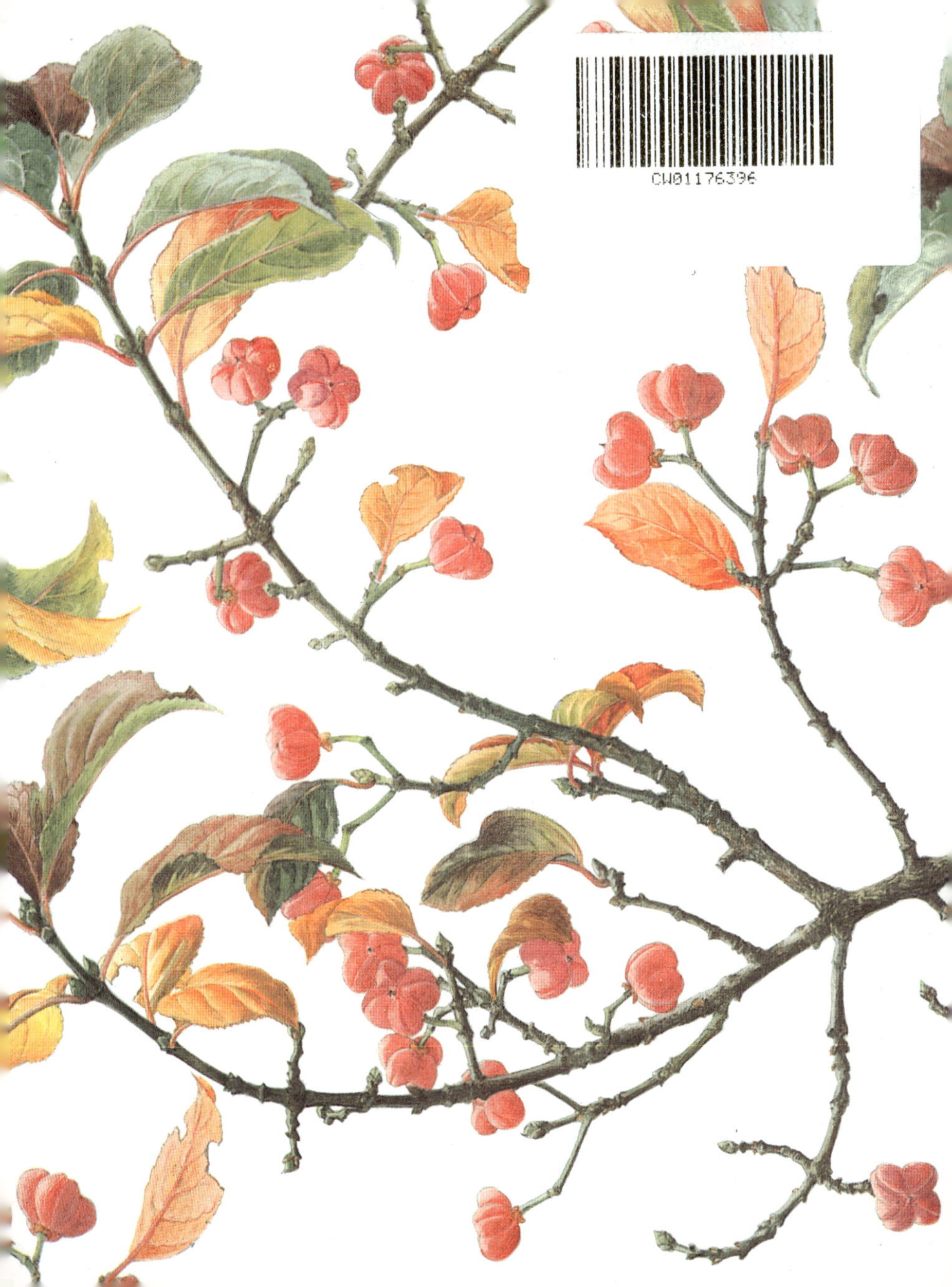

First published by Brockhampton Press Ltd
20 Bloomsbury Street
London WC1B 3QA

© Brockhampton Press Ltd, 1995
© Benjamin Perkins (all illustrations), 1995

ISBN 1 86019 084 7

All rights reserved. No part of this publication may be
reproduced, stored in a retrieval system, or transmitted in any
form or by any means, electronic, mechanical, photocopying,
recording or otherwise, without the prior permission of the
copyright owners.

Conceived and designed by Savitri Books Ltd
Printed and bound in Great Britain

COUNTRYSIDE
DAYBOOK

Illustrated by
BENJAMIN PERKINS

BROCKHAMPTON PRESS

JANUARY

.... *1* ....

.... *2* ....

.... *3* ....

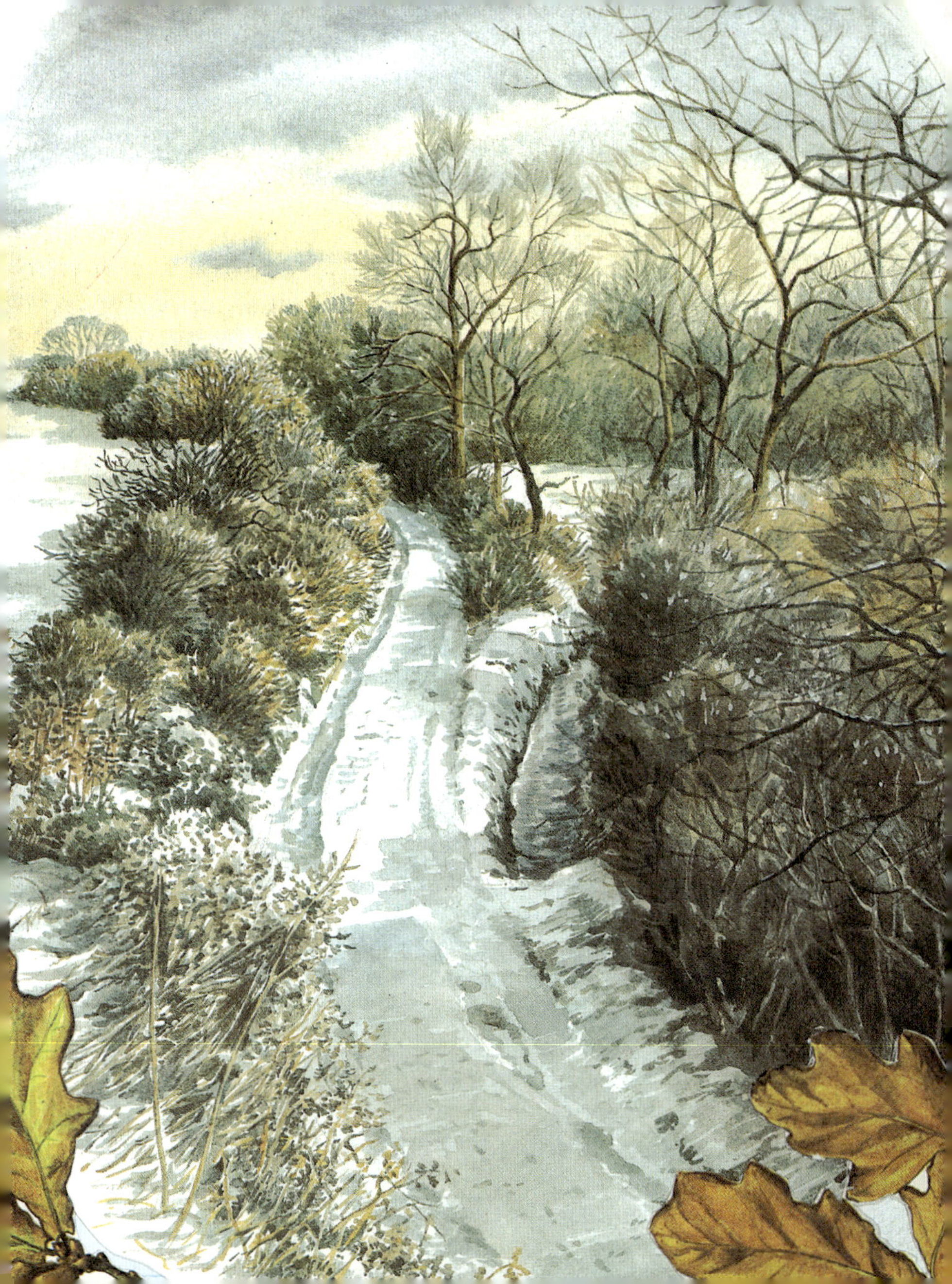

January

4

5

6

7

8

9

10

January

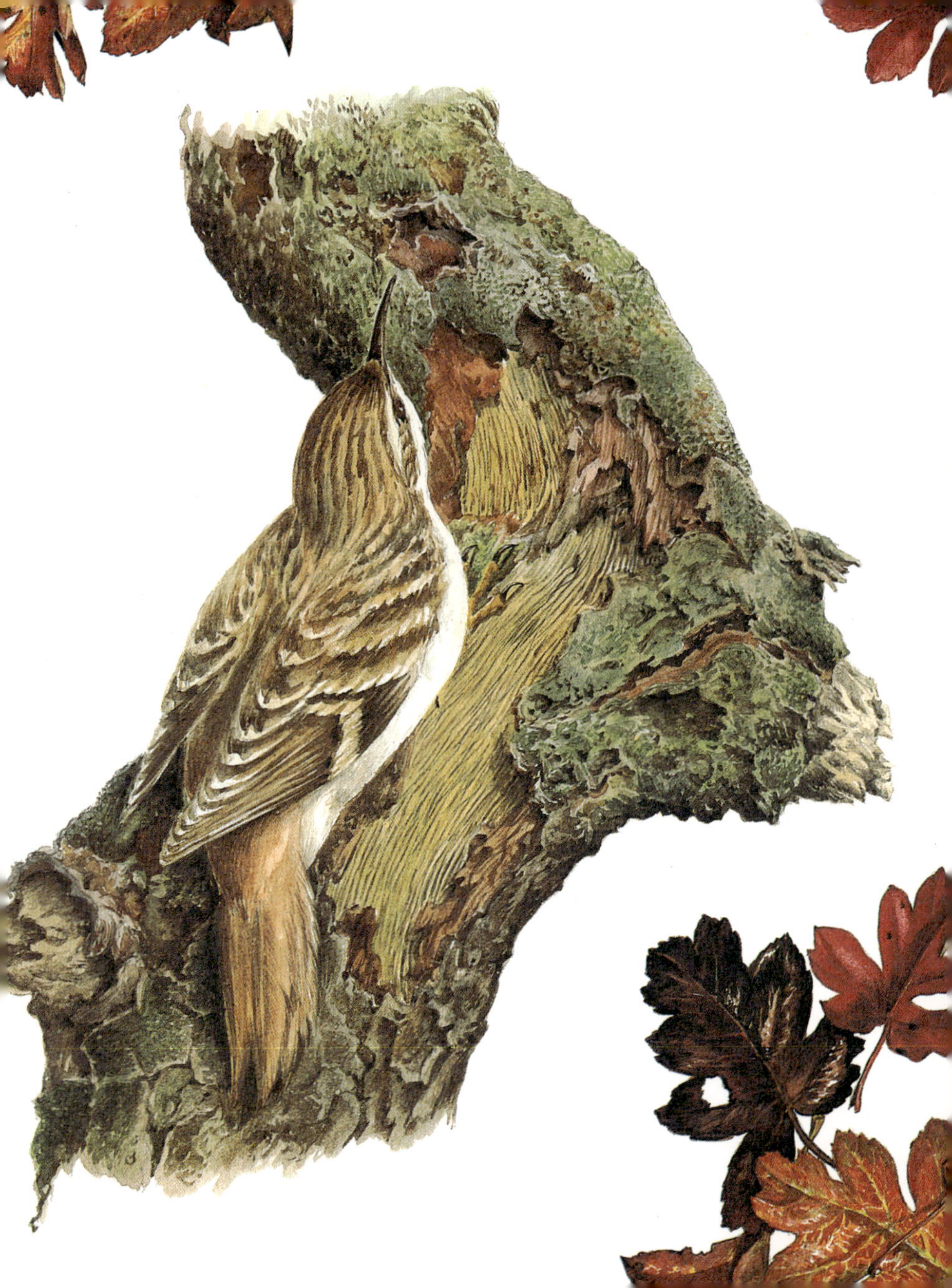

January

11

12

13

14

15

16

17

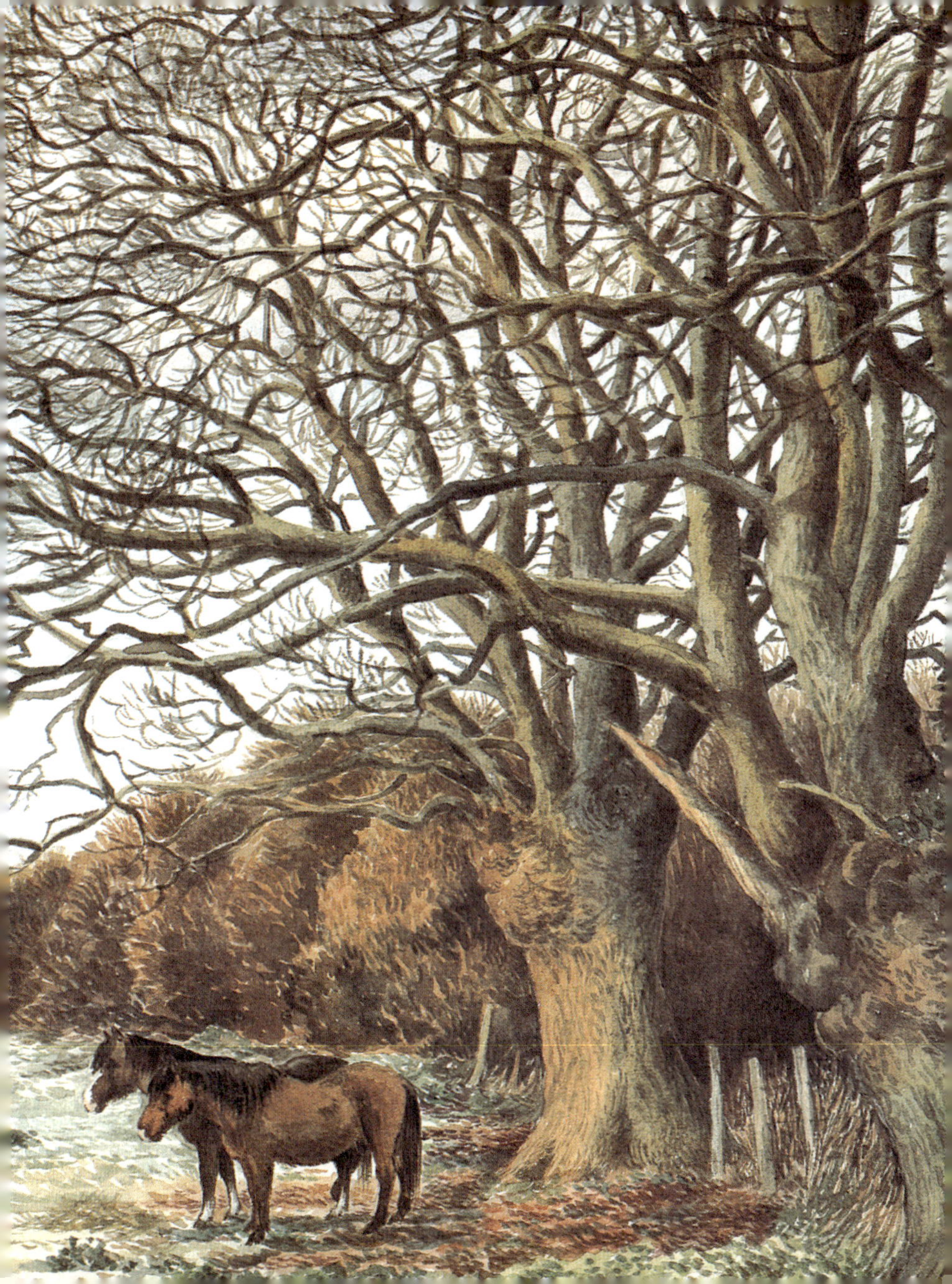

January

18

19

20

21

22

23

24

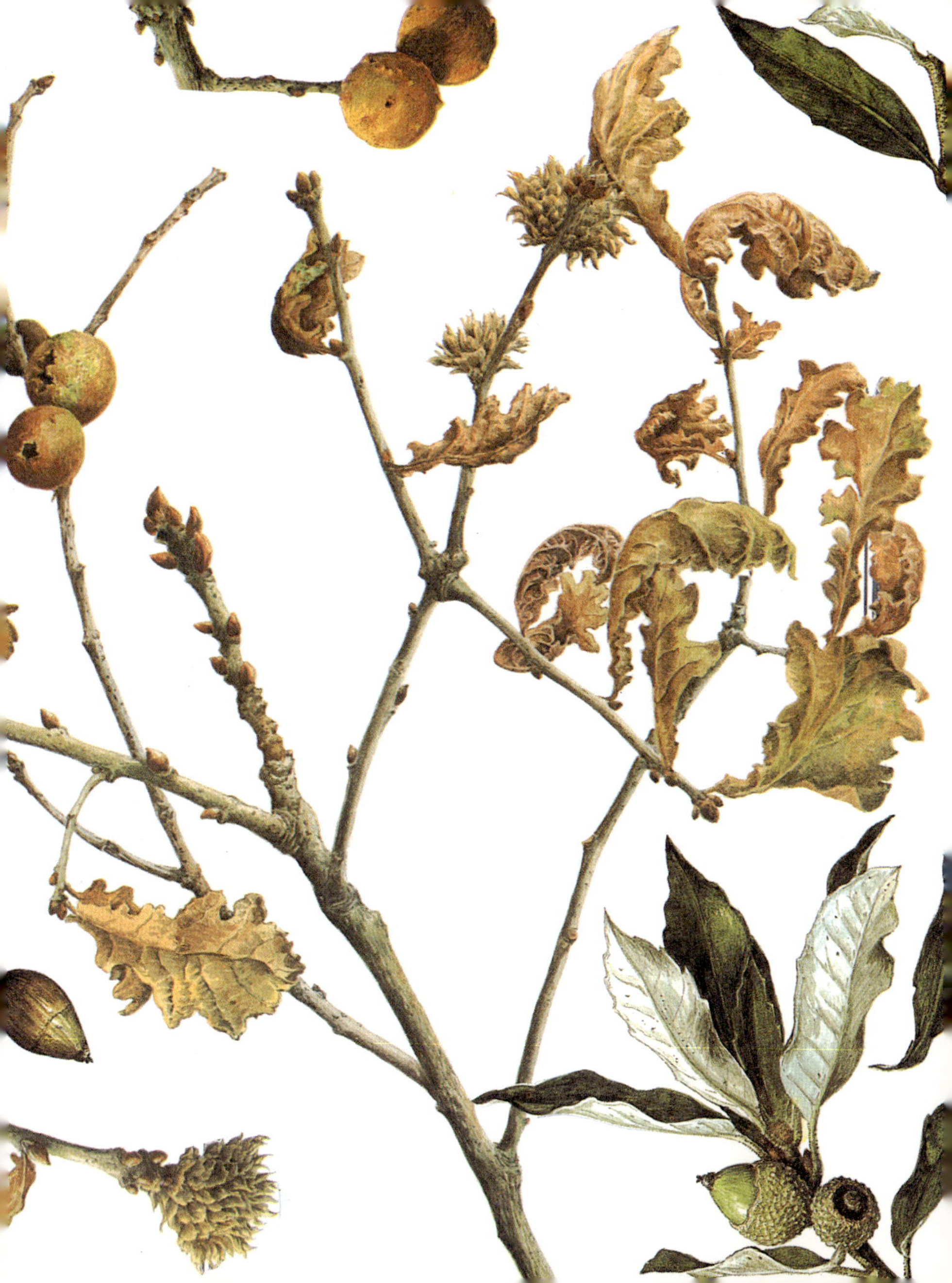

January

25

26

27

28

29

30

31

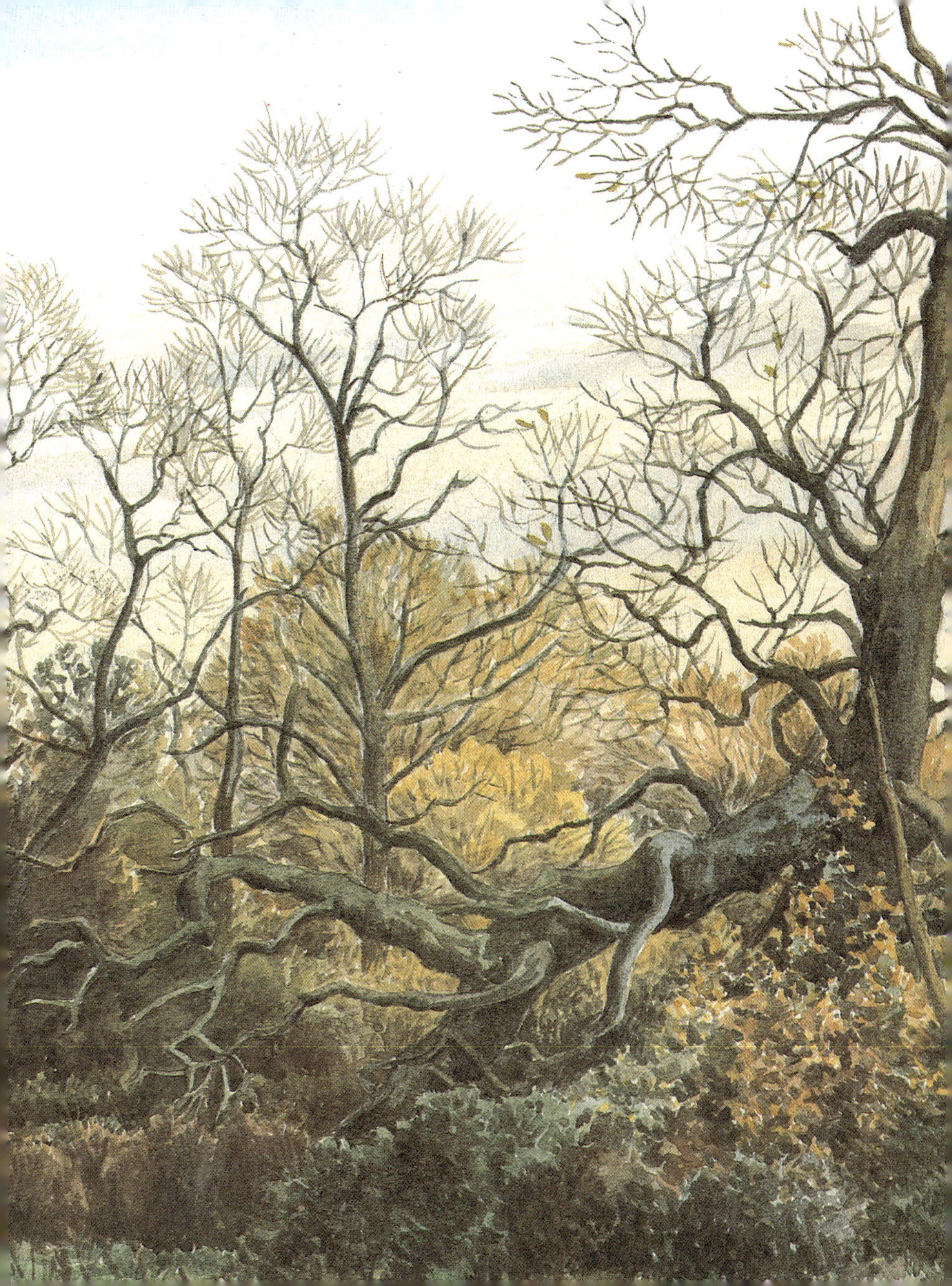

FEBRUARY

1

2

3

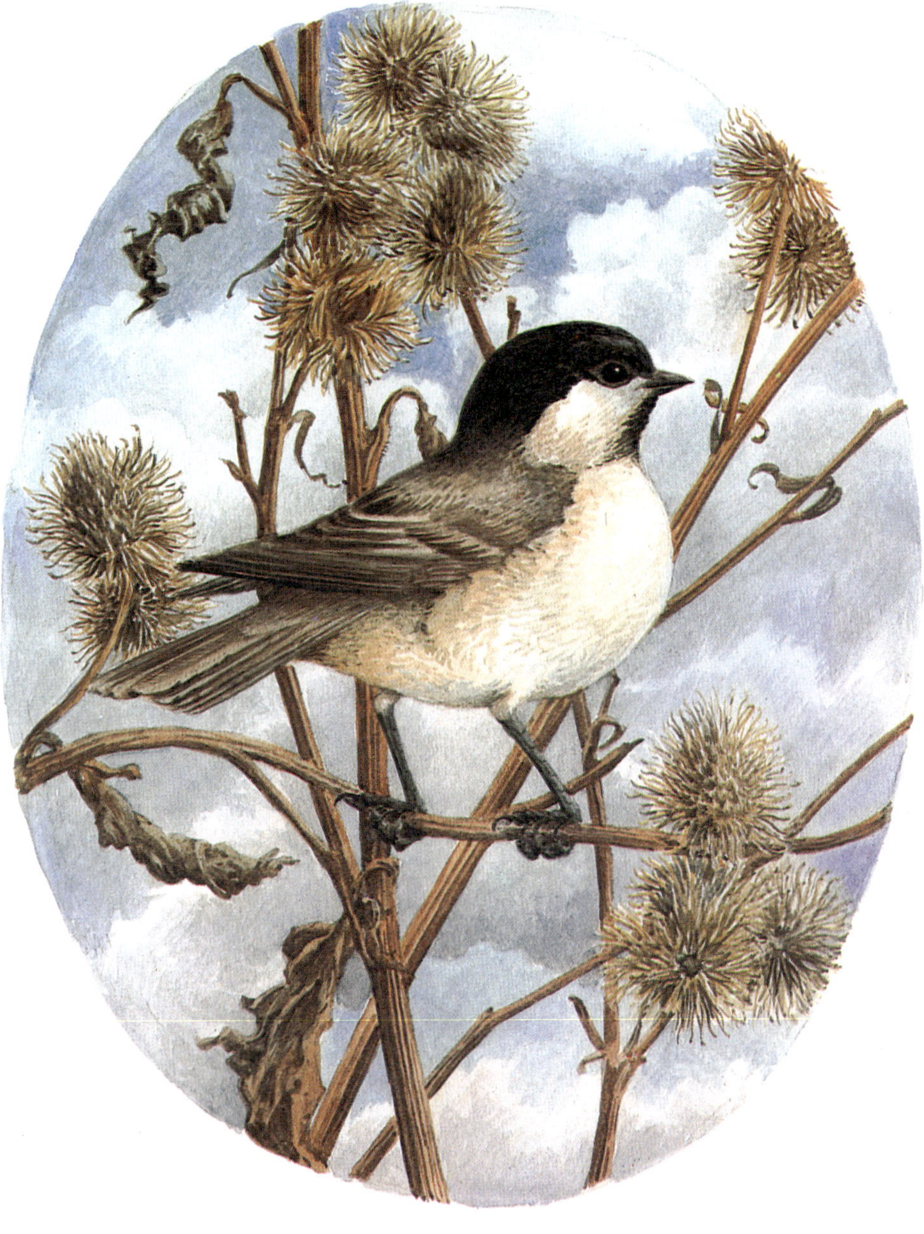

February

4

5

6

7

8

9

10

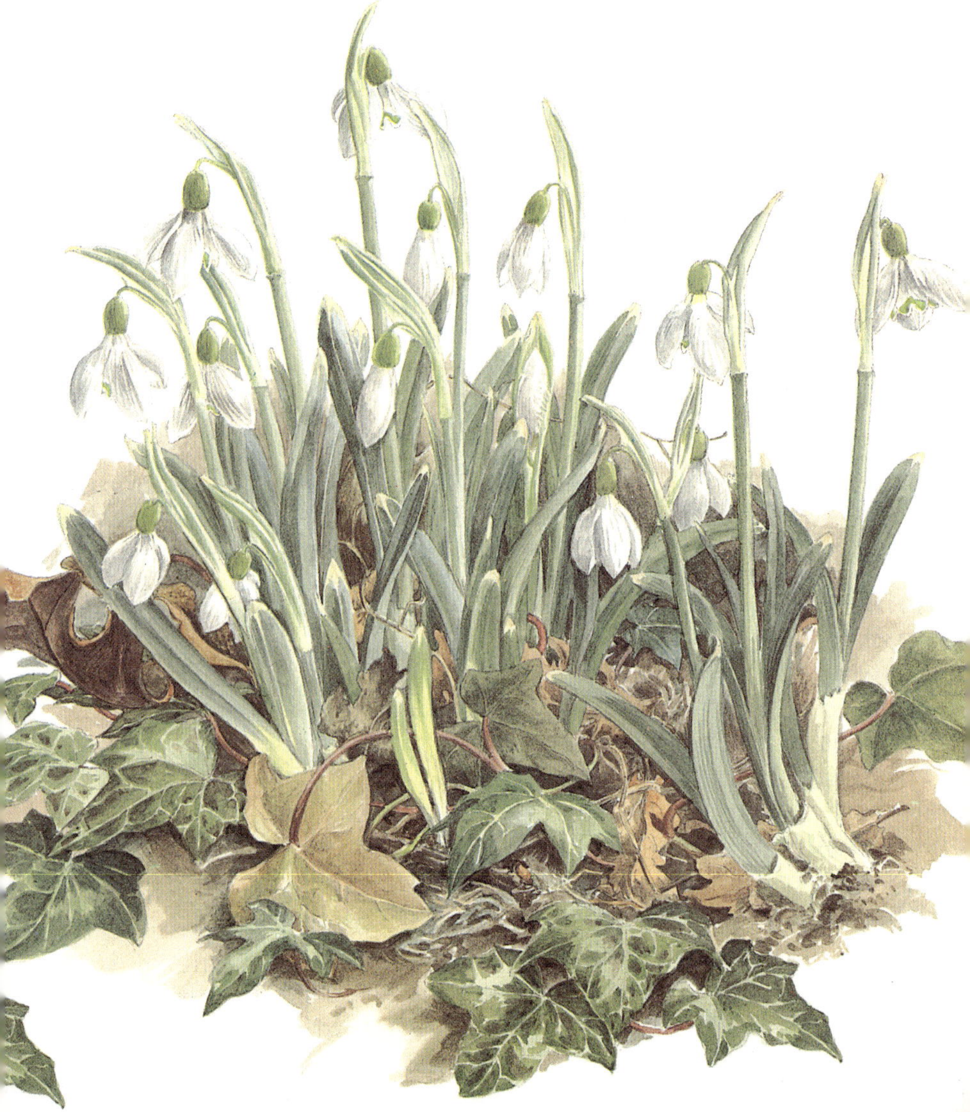

February

11

12

13

14

15

16

17

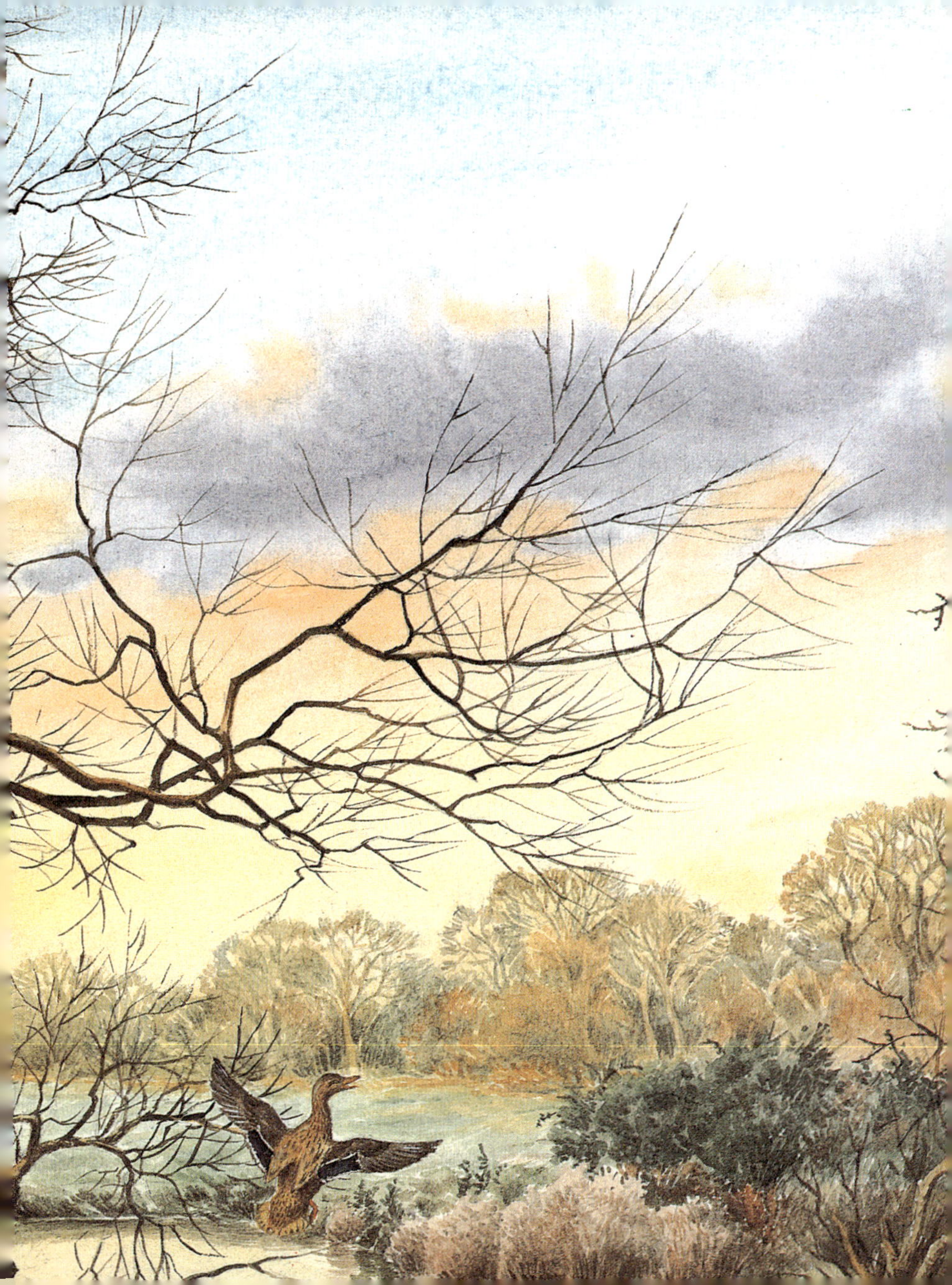

February

18

19

20

21

22

23

24

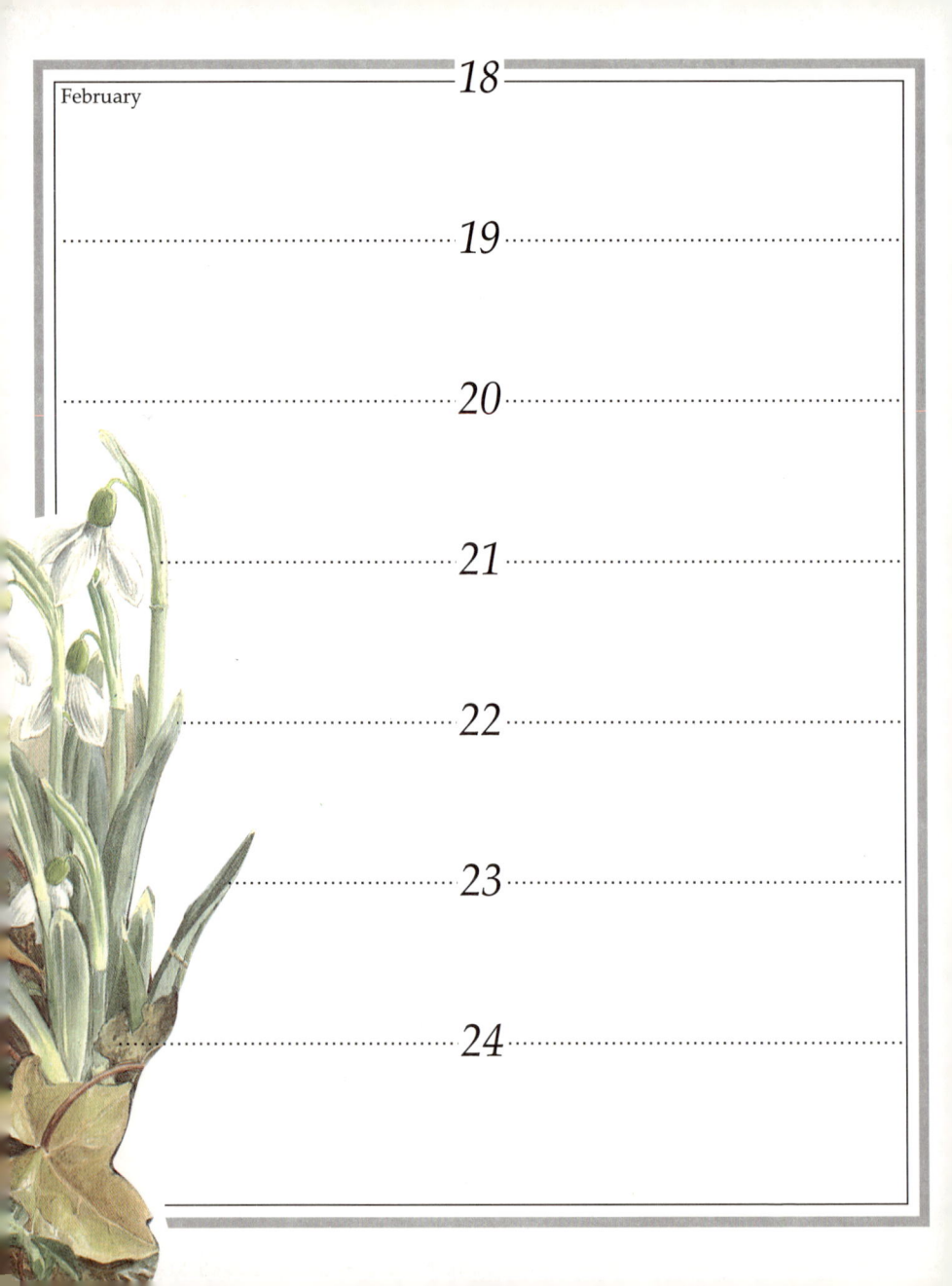

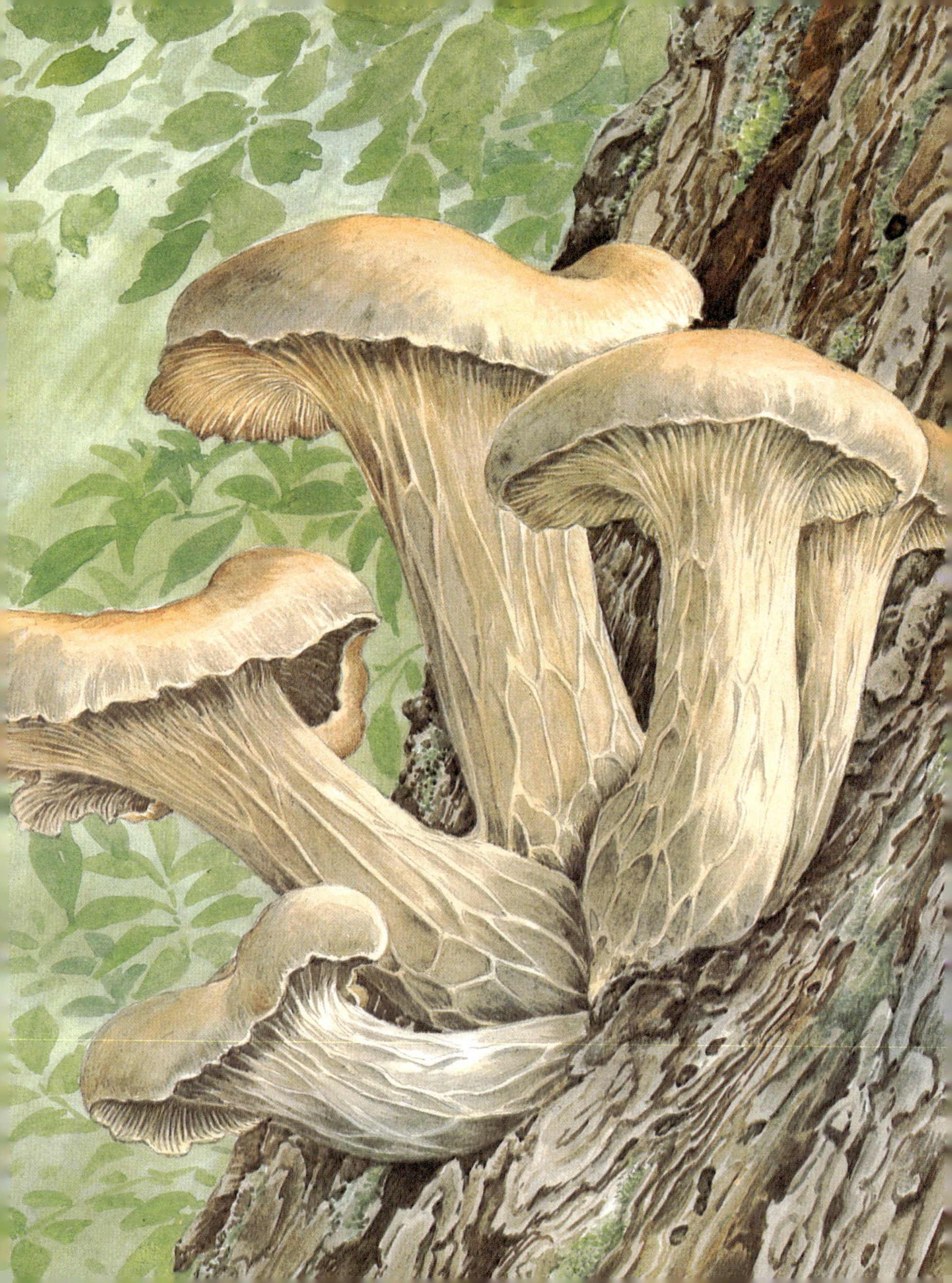

February

25

26

27

28
29

Notes

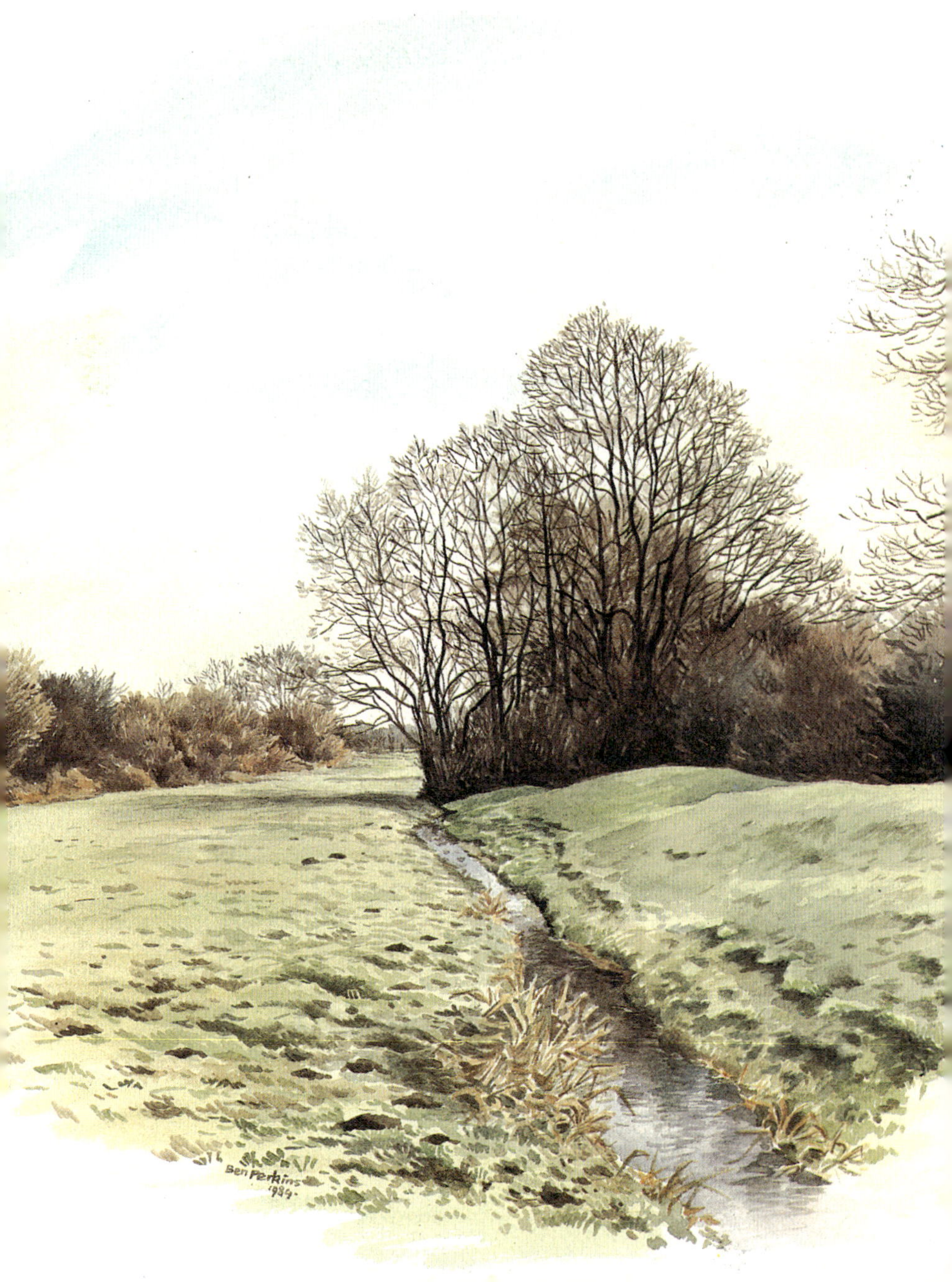
Ben Perkins
1989

MARCH

.... *1* ....

.... *2* ....

.... *3* ....

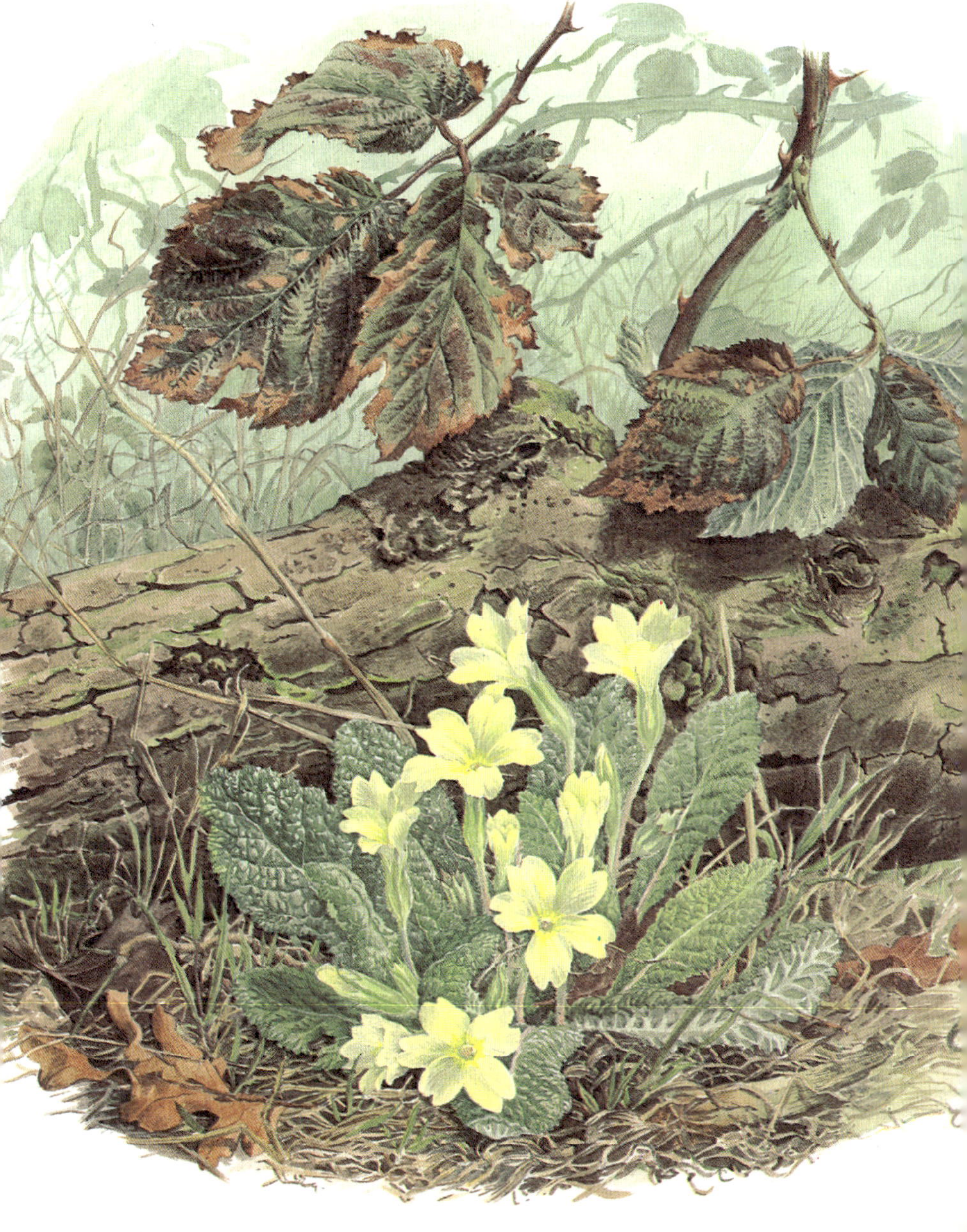

March

4

5

6

7

8

9

10

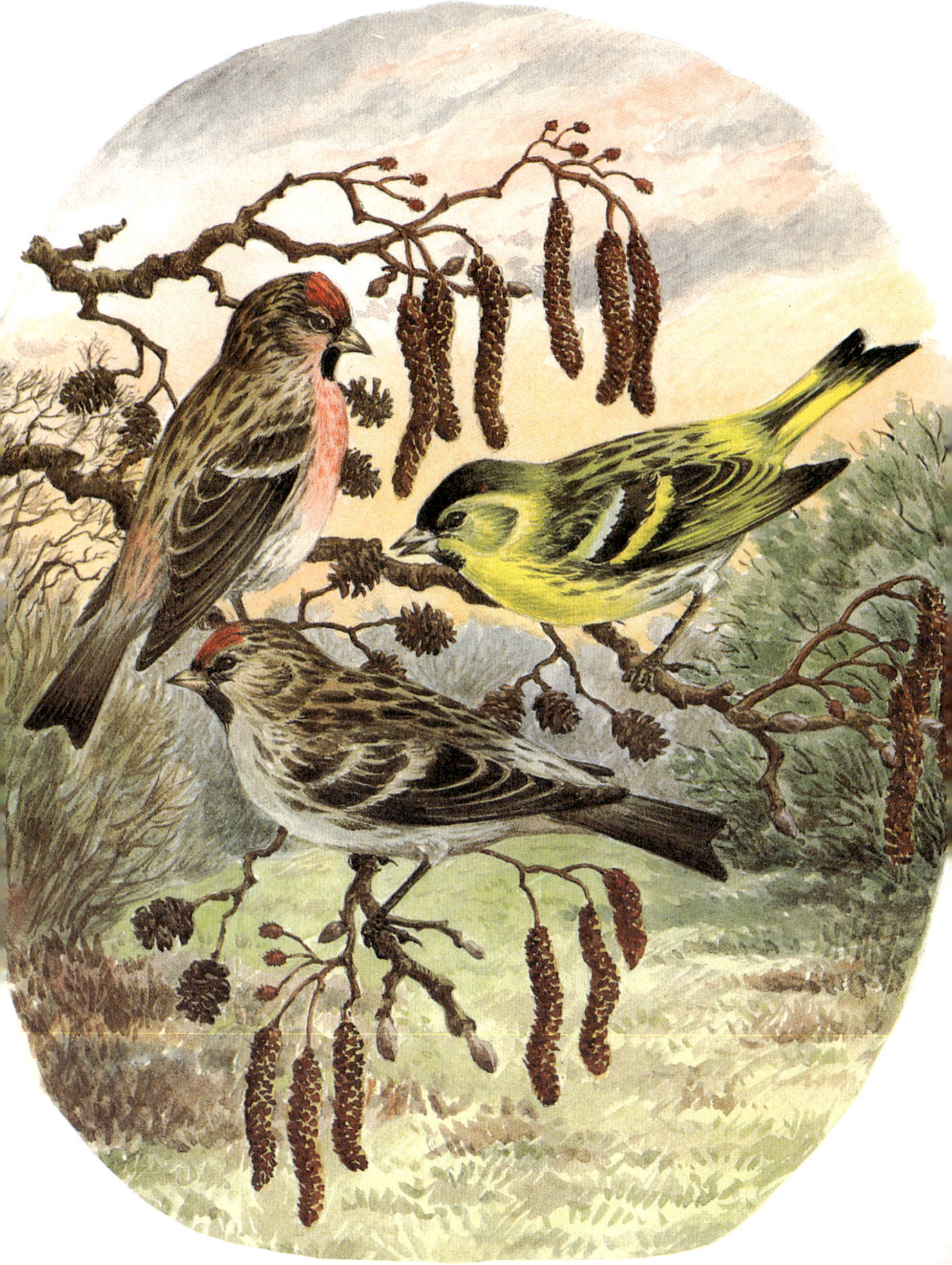

March

11

12

13

14

15

16

17

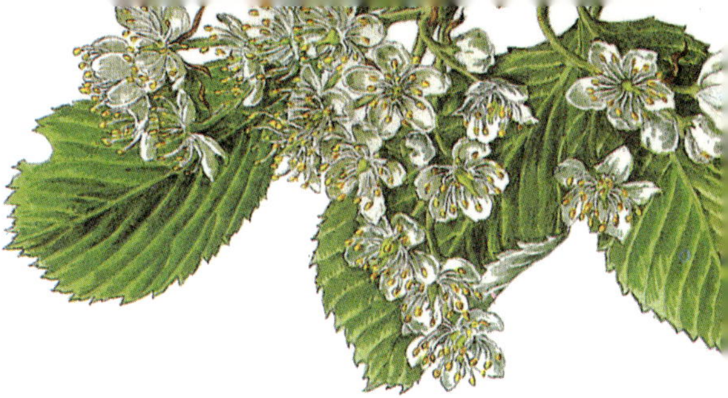

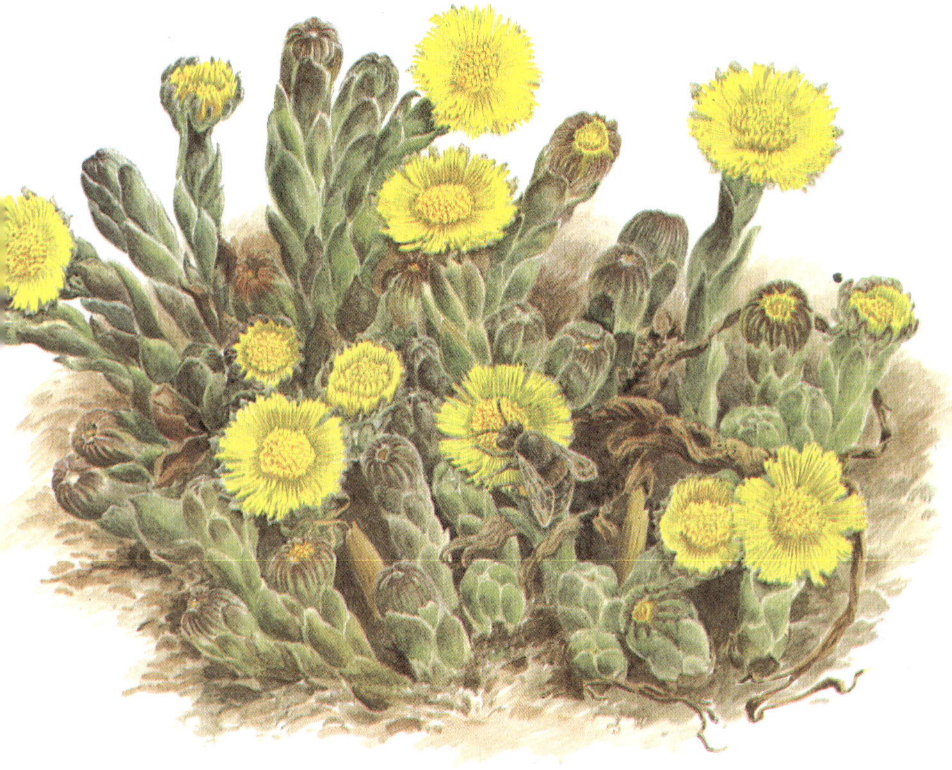

March

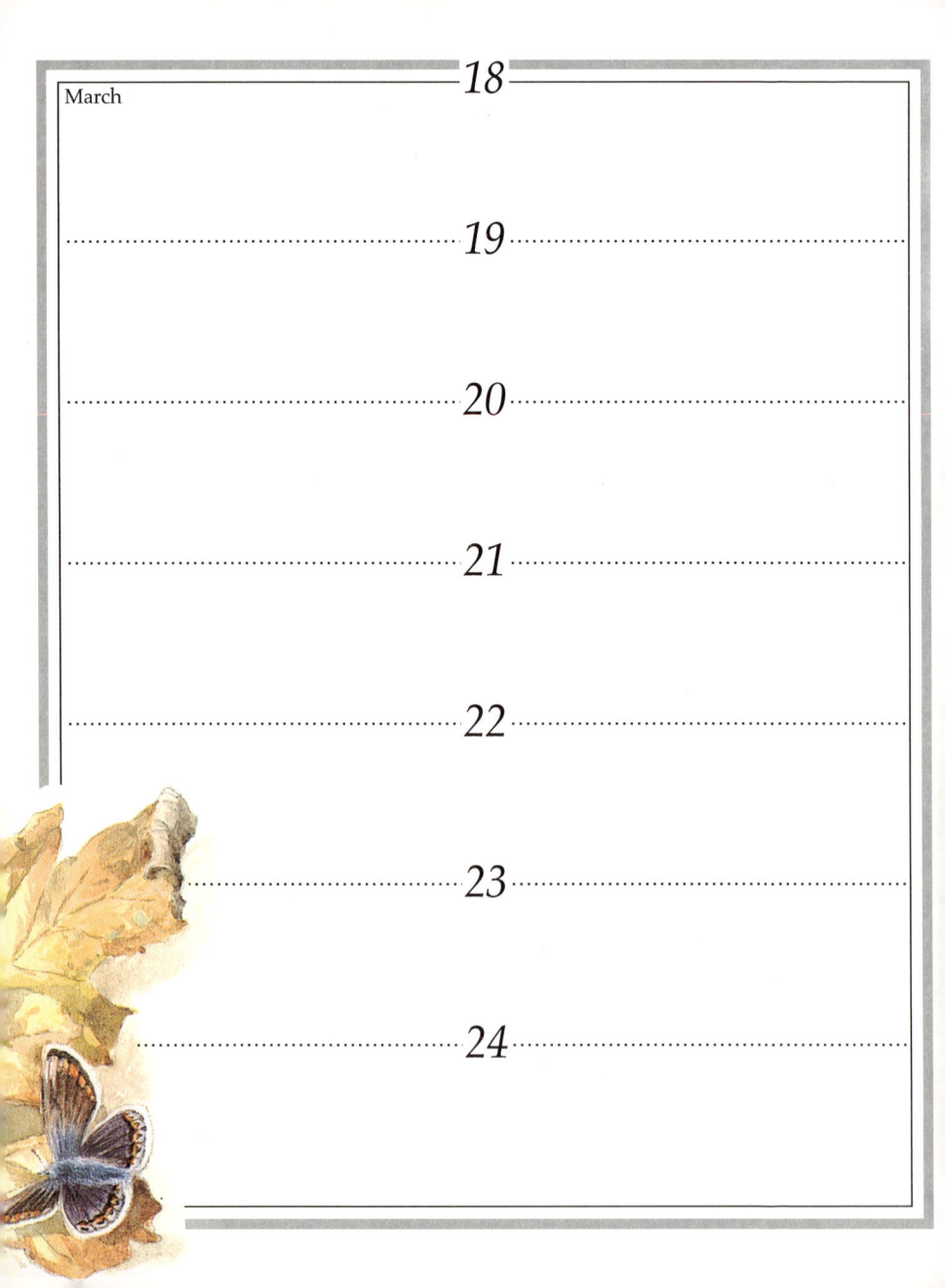

18

19

20

21

22

23

24

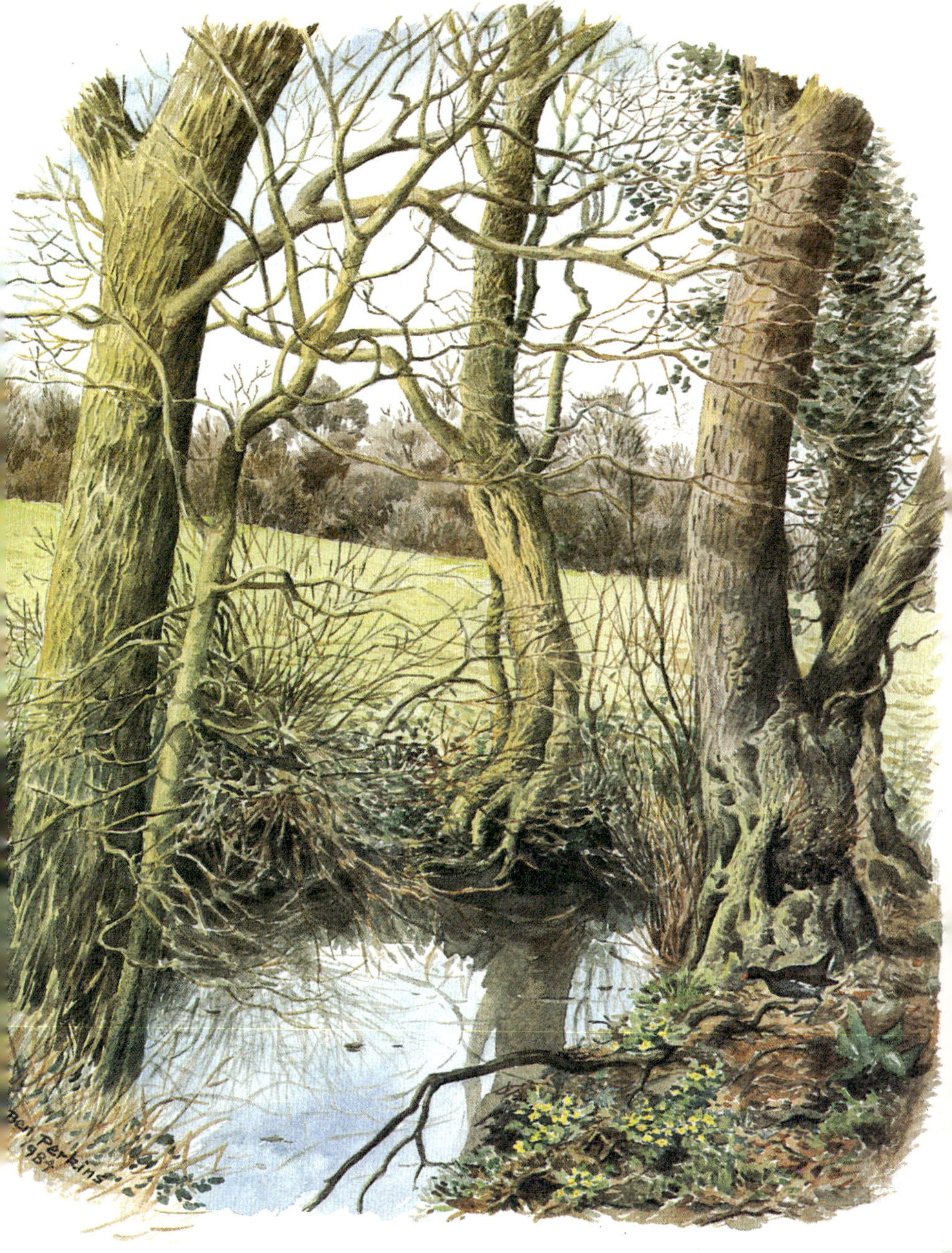
Ben Perkins
1987

March

25

26

27

28

29

30

31

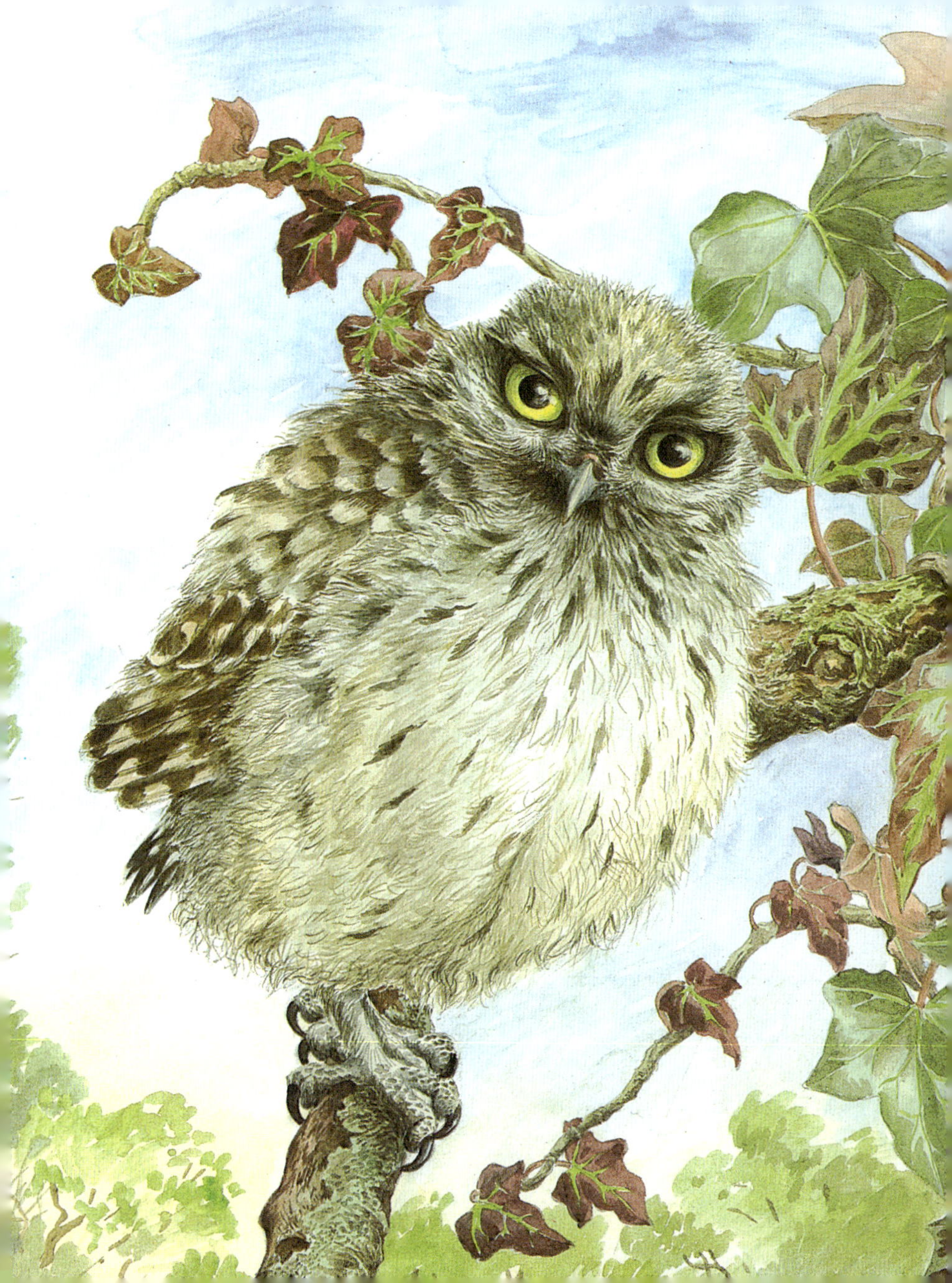

APRIL

1

2

3

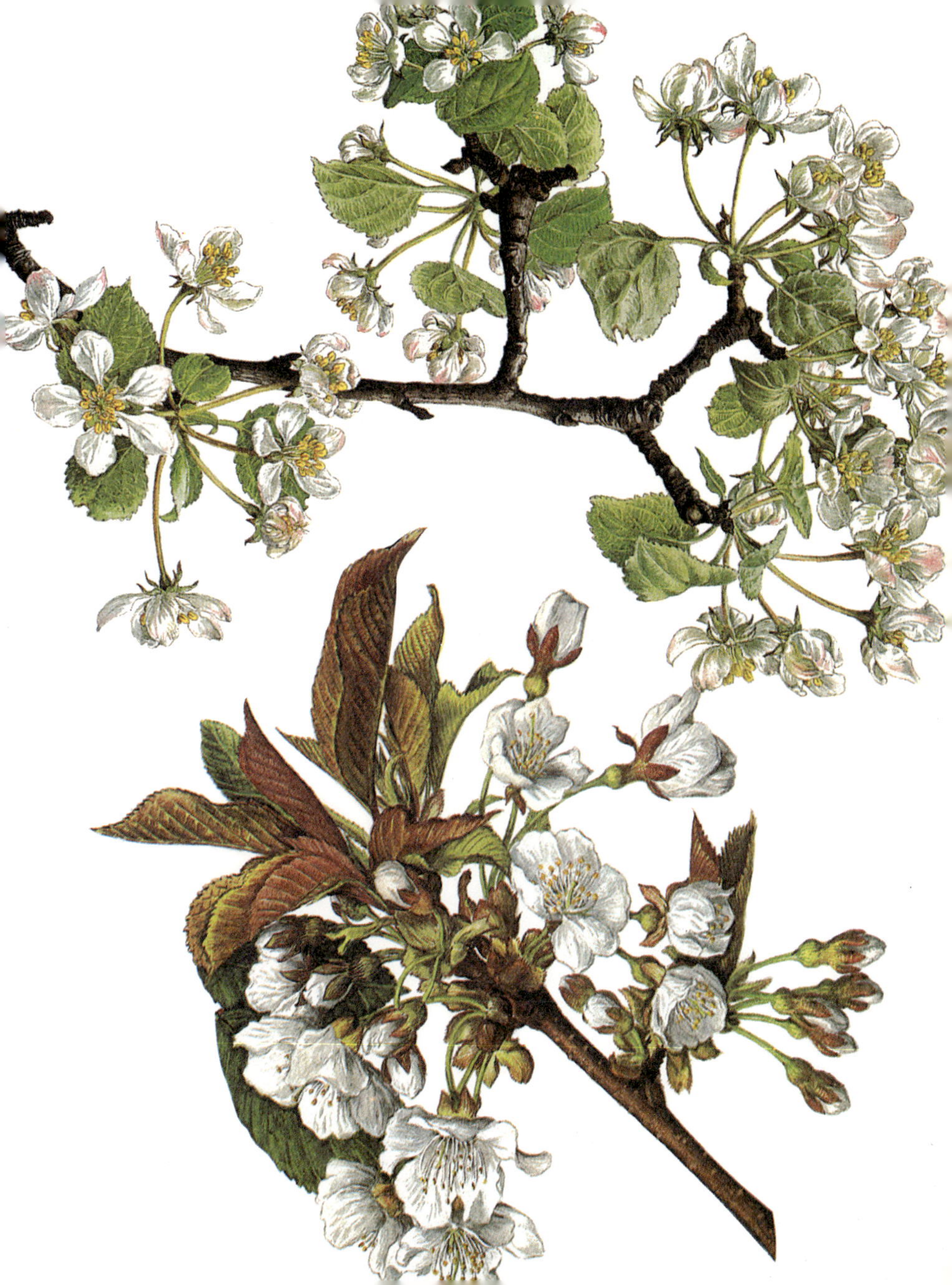

April

4

5

6

7

8

9

10

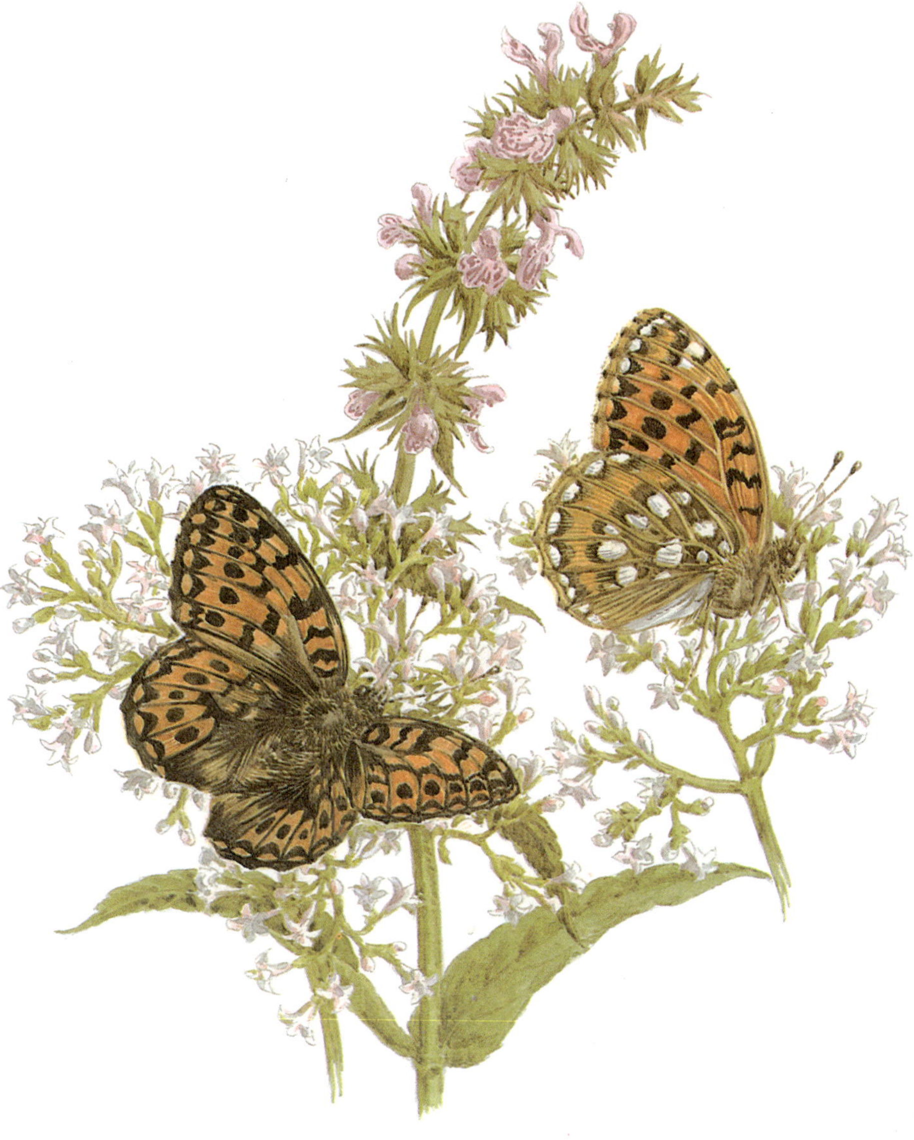

April

11

12

13

14

15

16

17

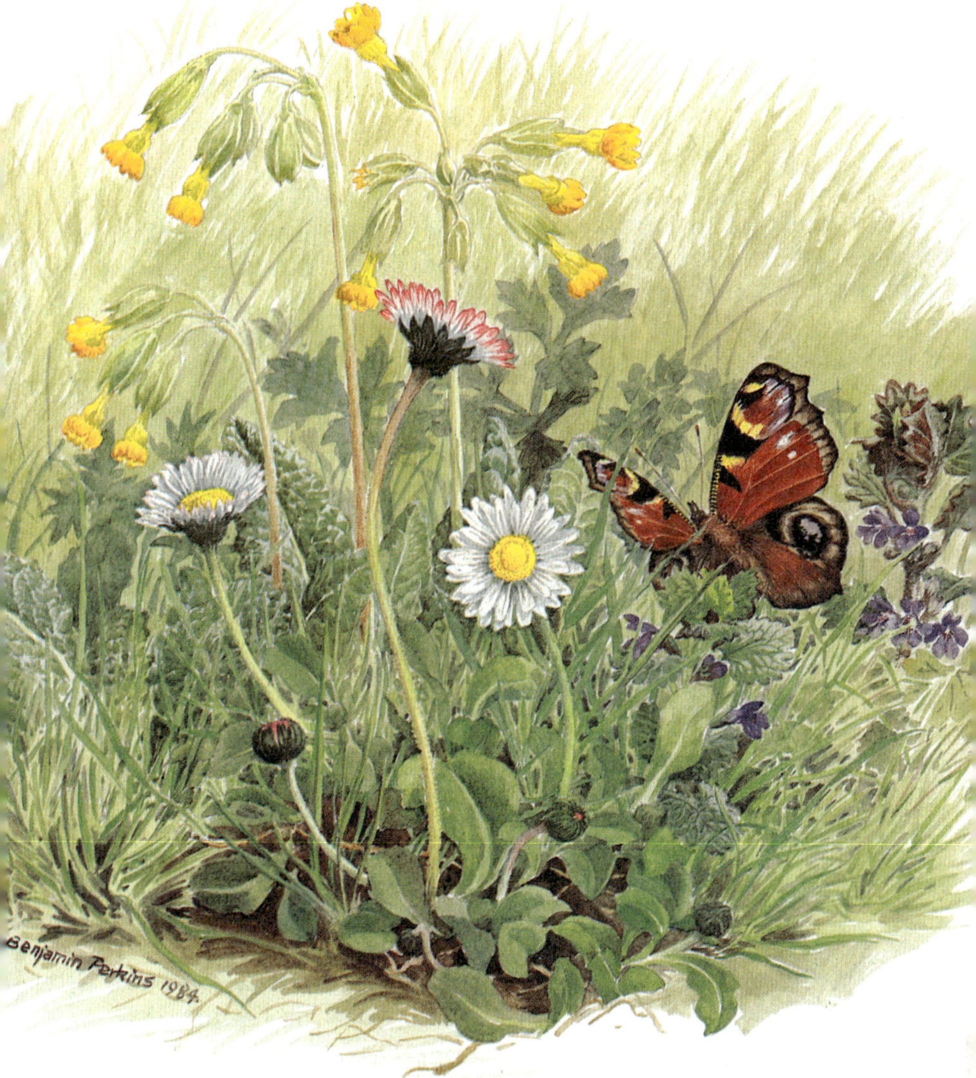
Benjamin Perkins 1984

April

18

19

20

21

22

23

24

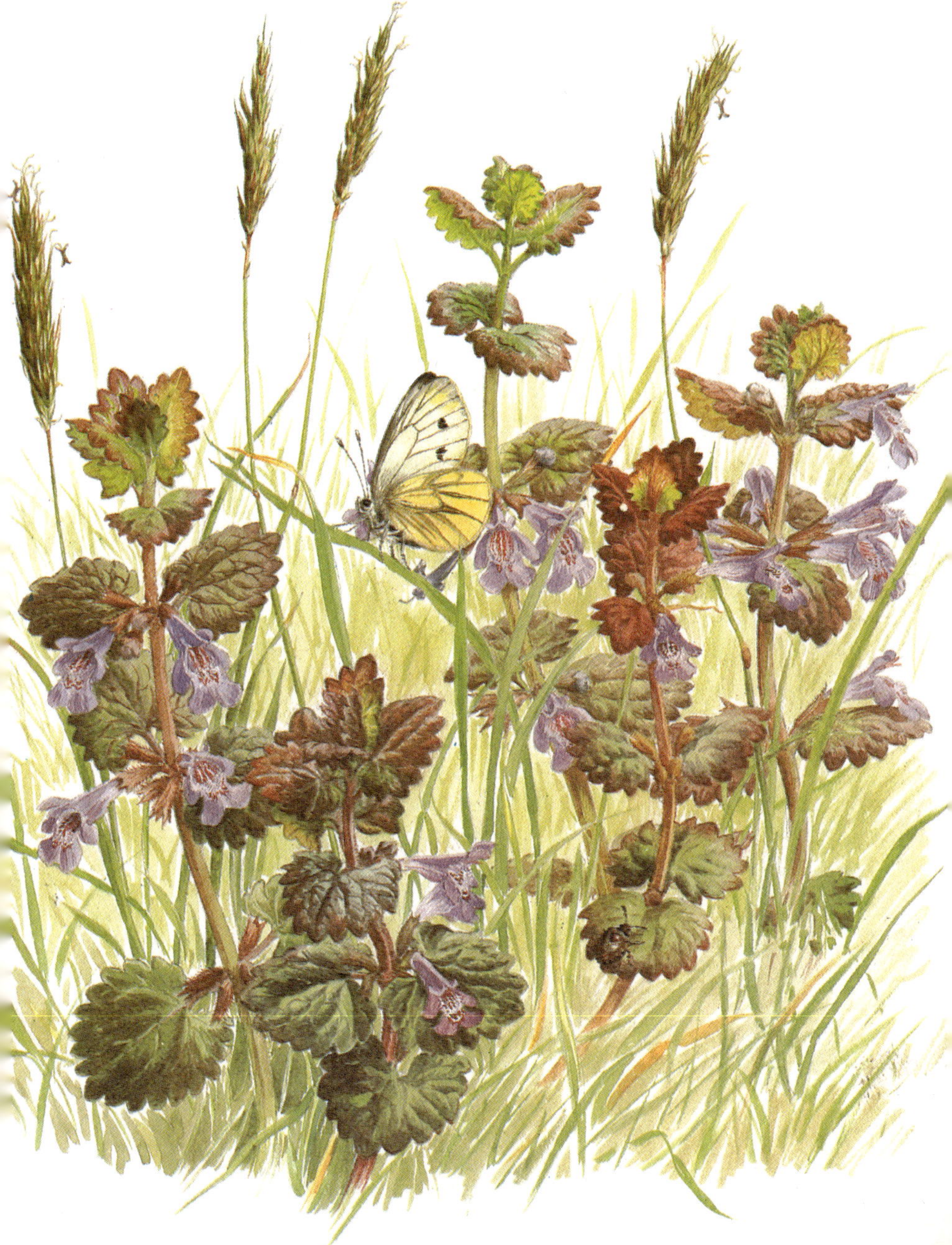

April

25

26

27

28

29

30

Notes

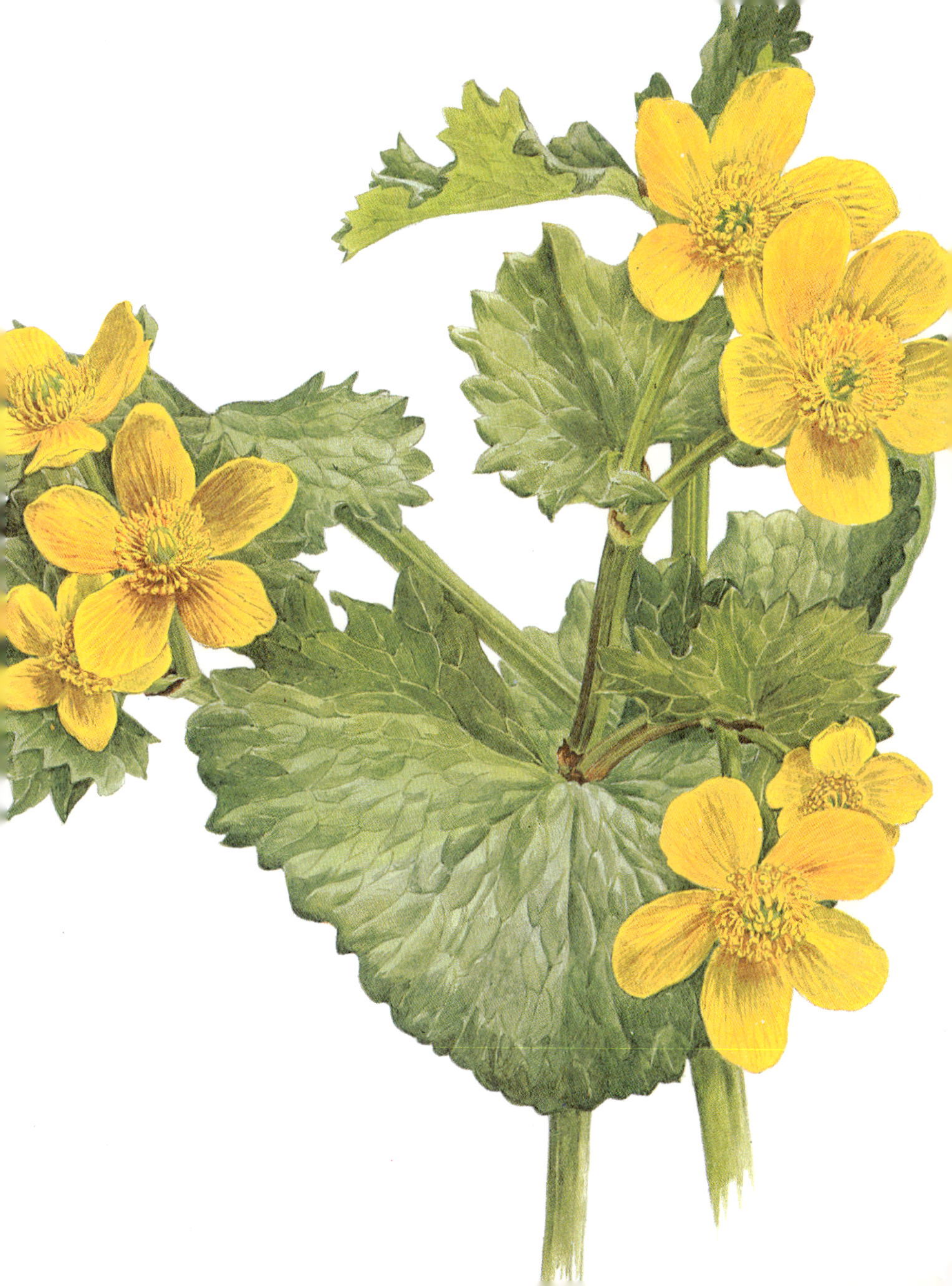

MAY

1

2

3

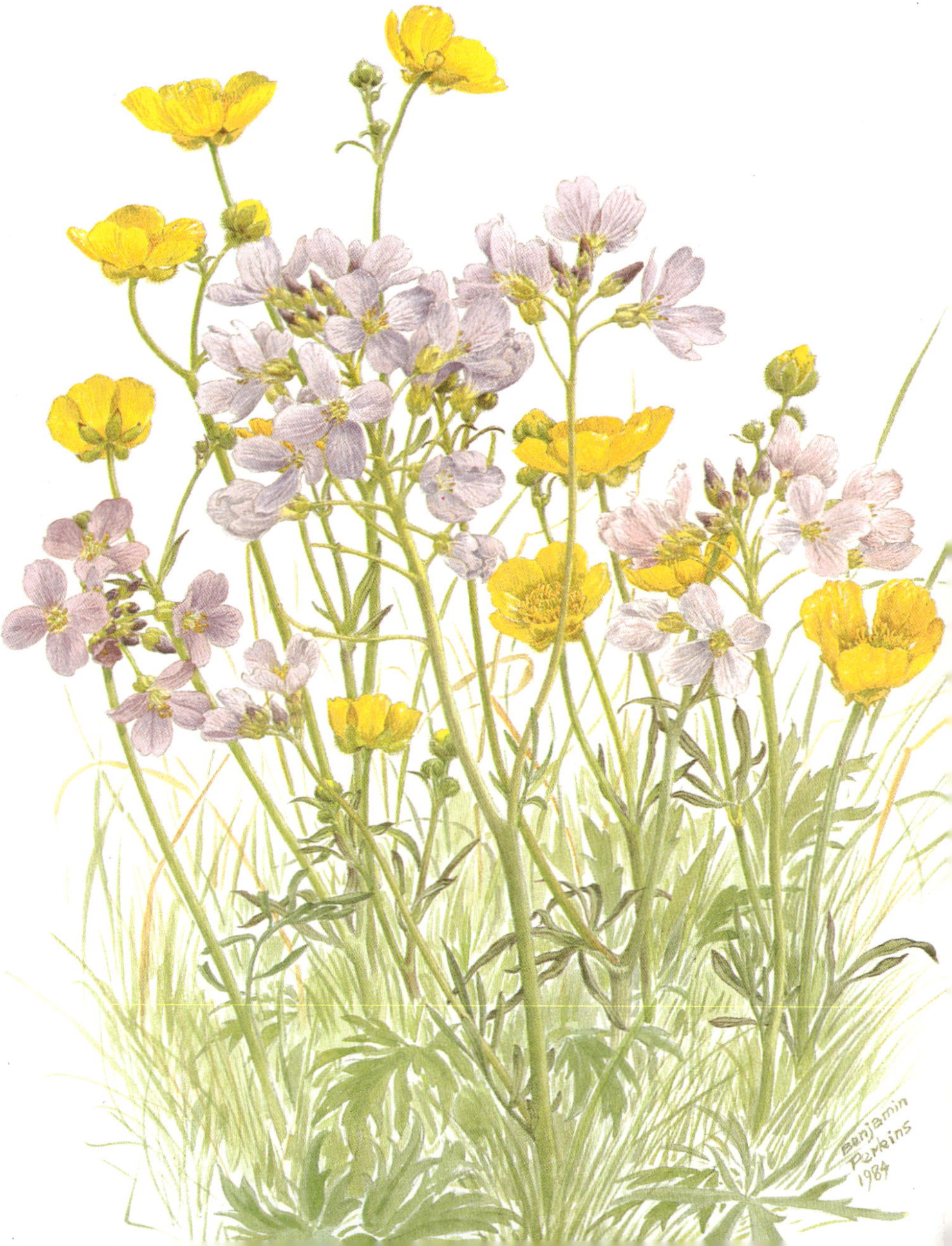
Benjamin
Perkins
1984

May

4

5

6

7

8

9

10

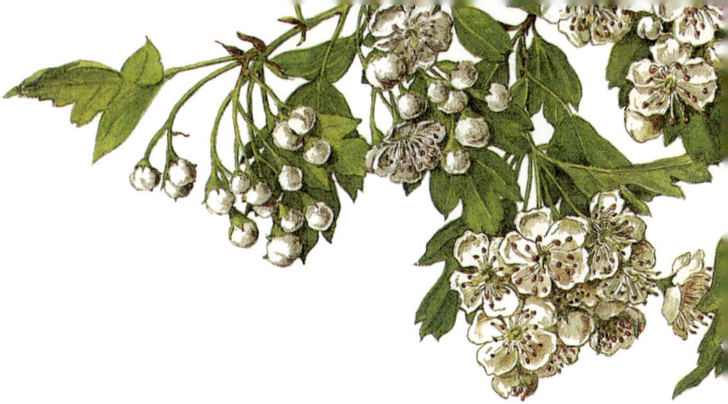

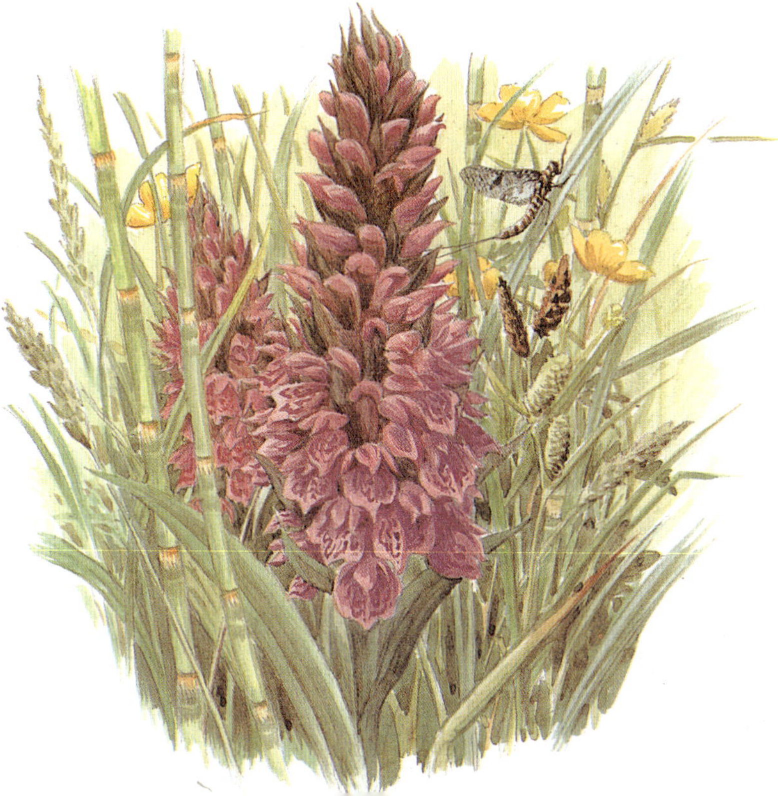

May

11

12

13

14

15

16

17

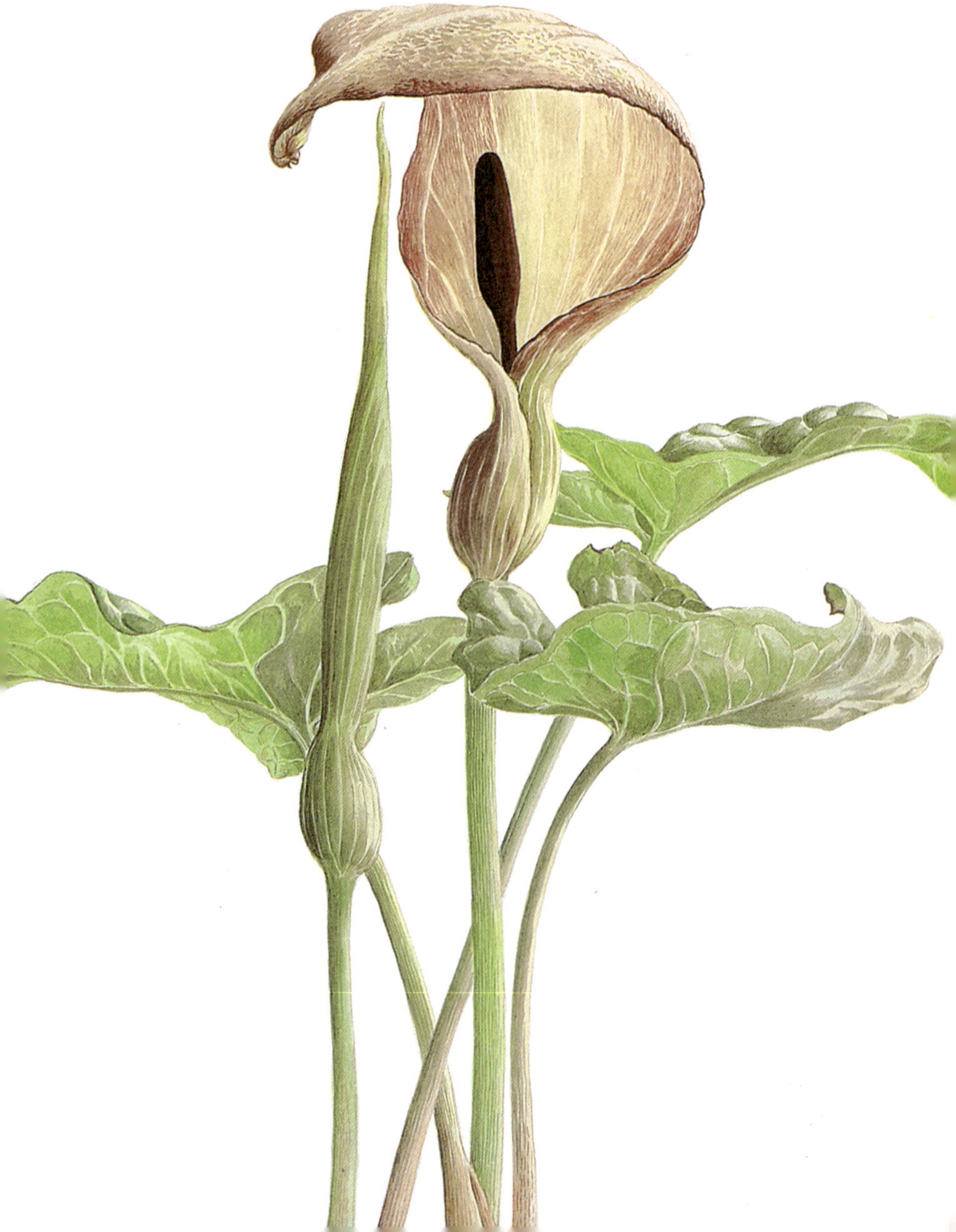

May

18

19

20

21

22

23

24

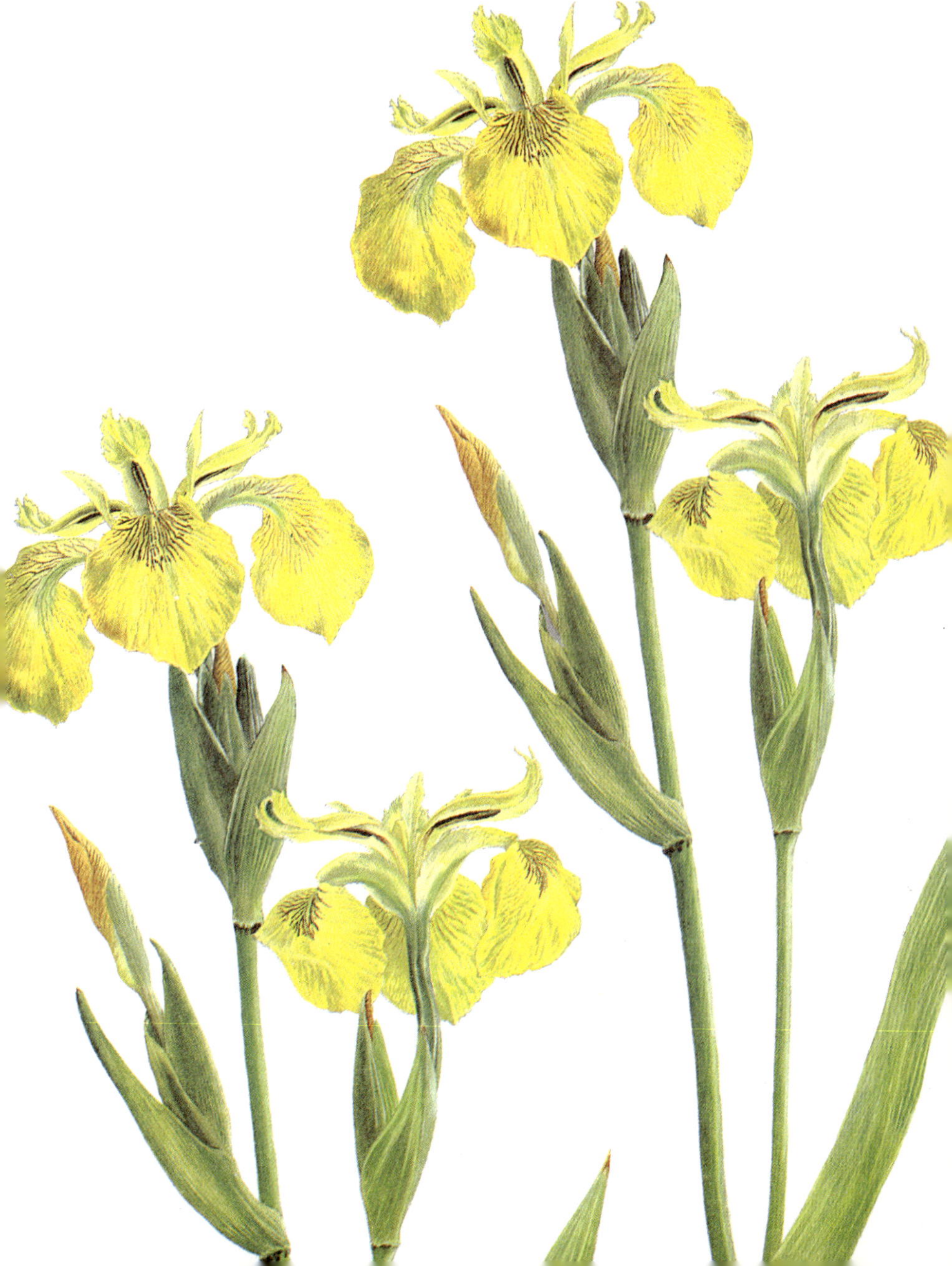

May

25

26

27

28

29

30

31

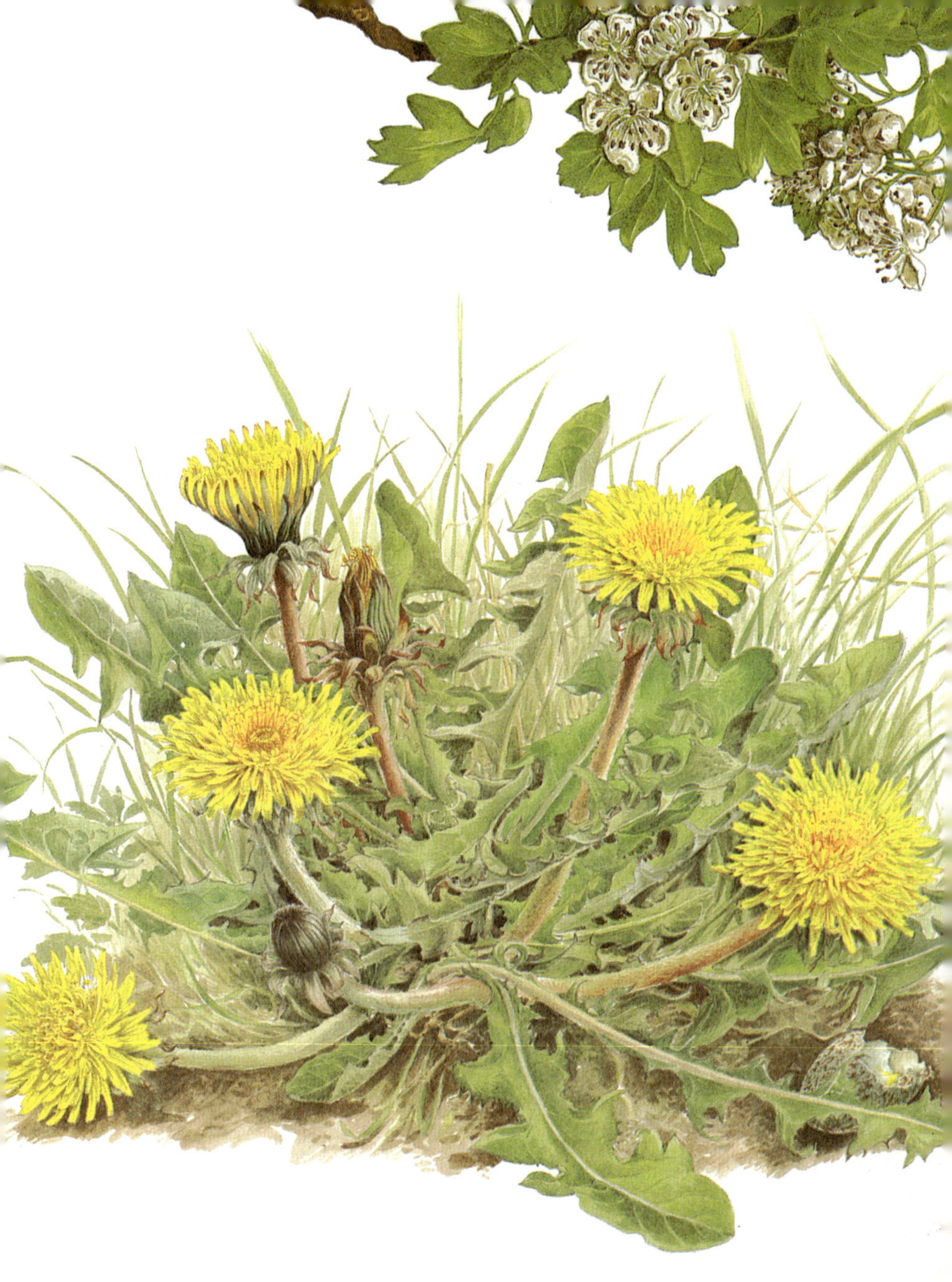

JUNE

.... 1 ....

.... 2 ....

.... 3 ....

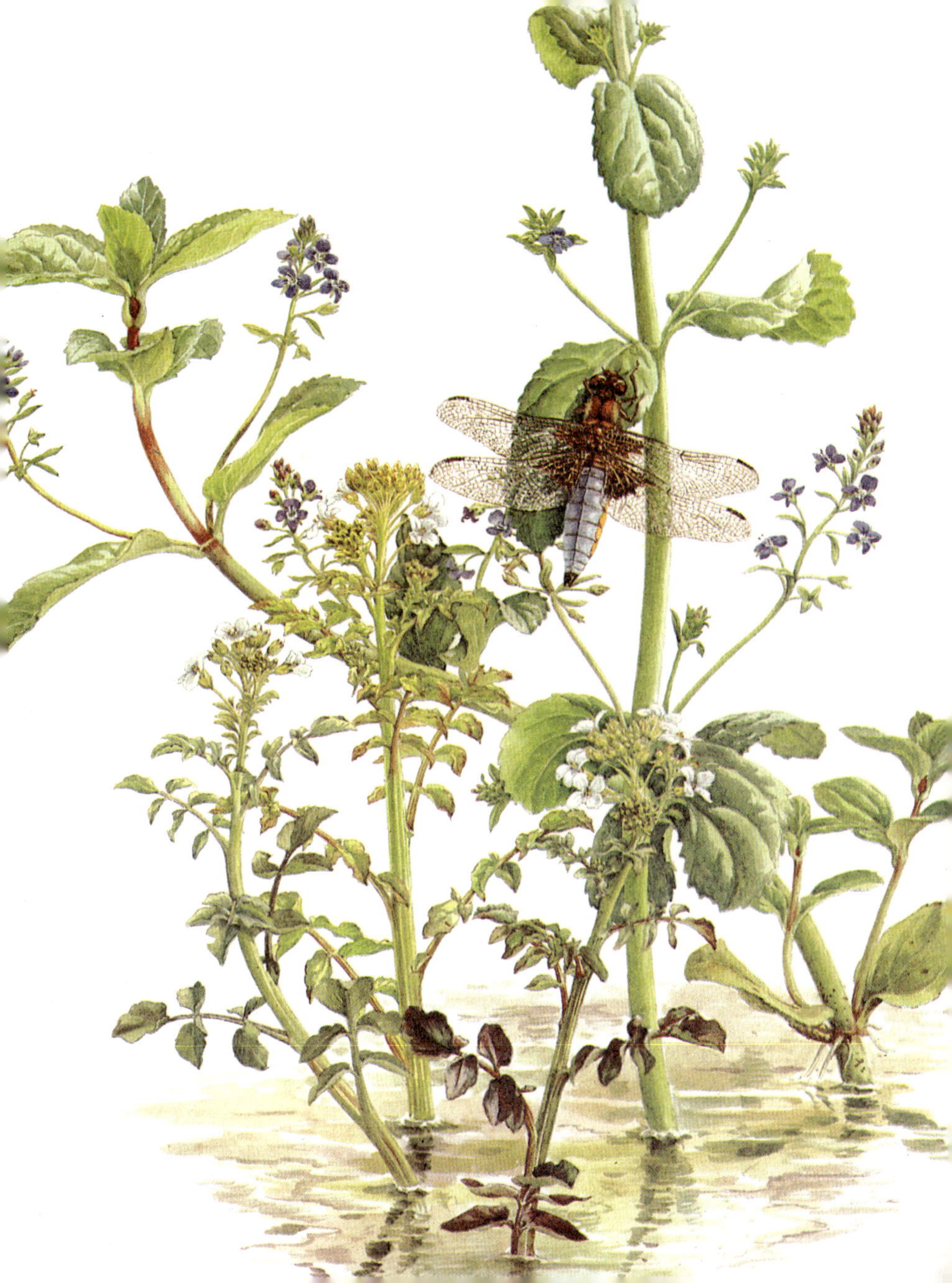

June

4

5

6

7

8

9

10

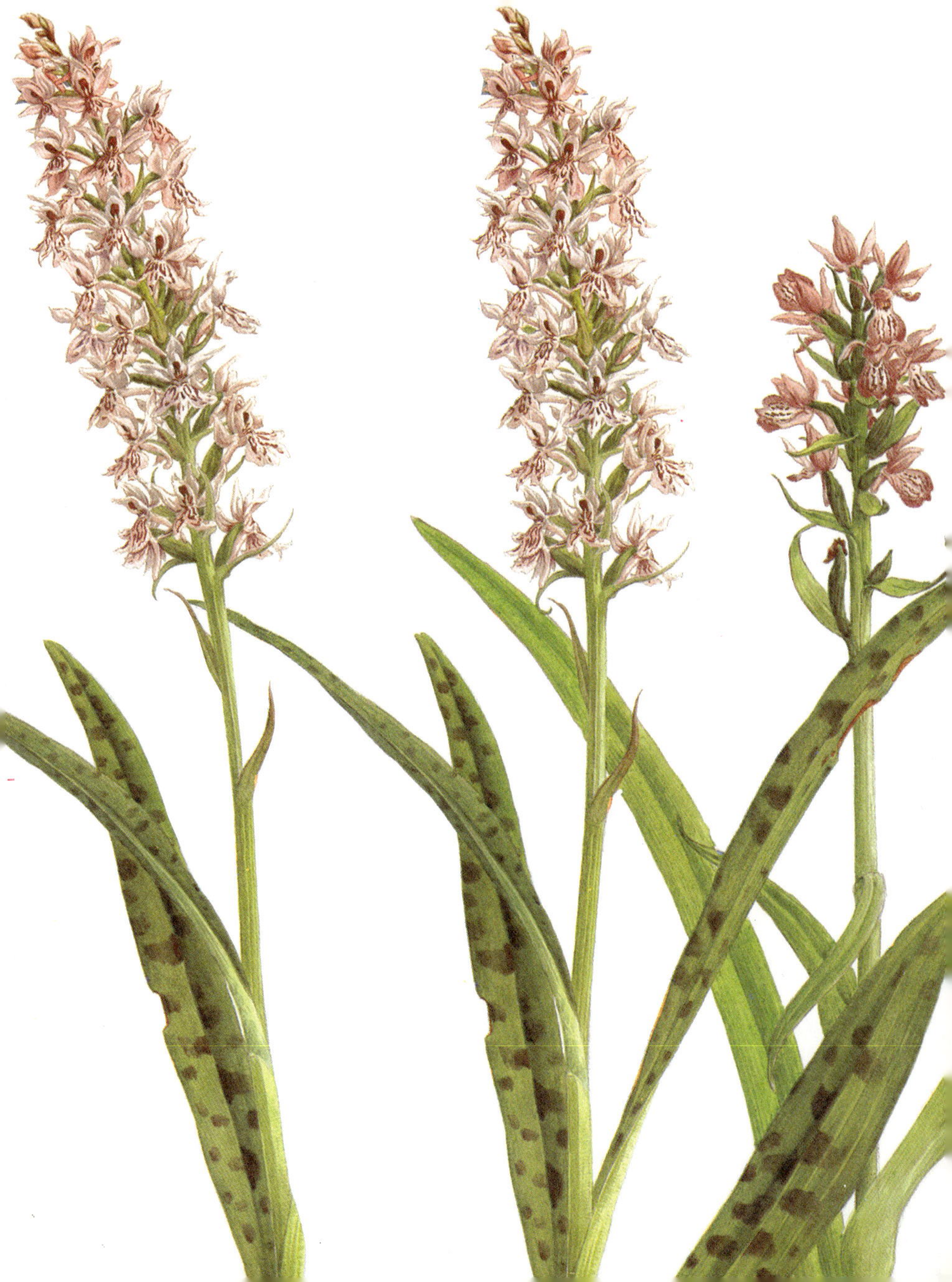

June

11

12

13

14

15

16

17

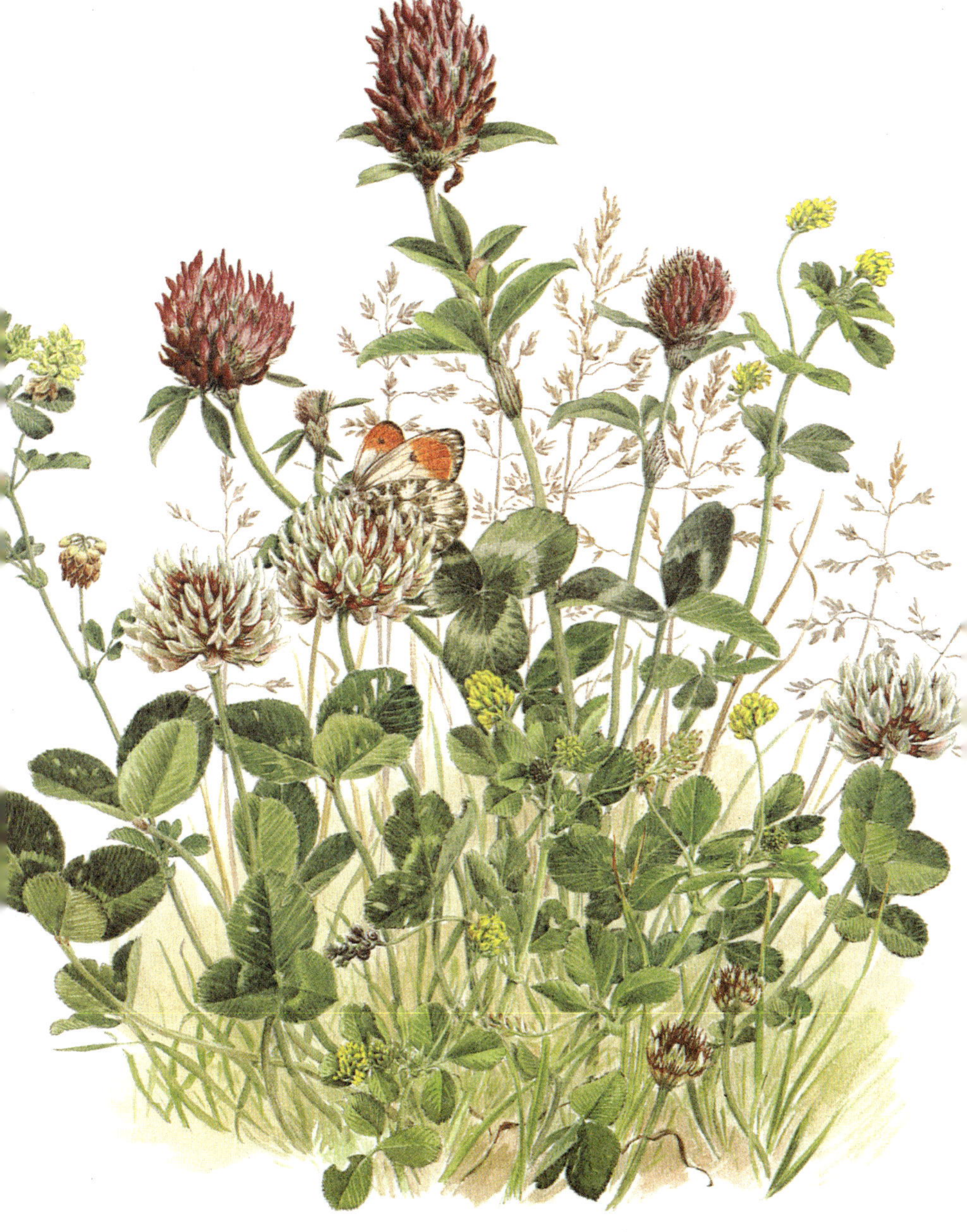

June

18

19

20

21

22

23

24

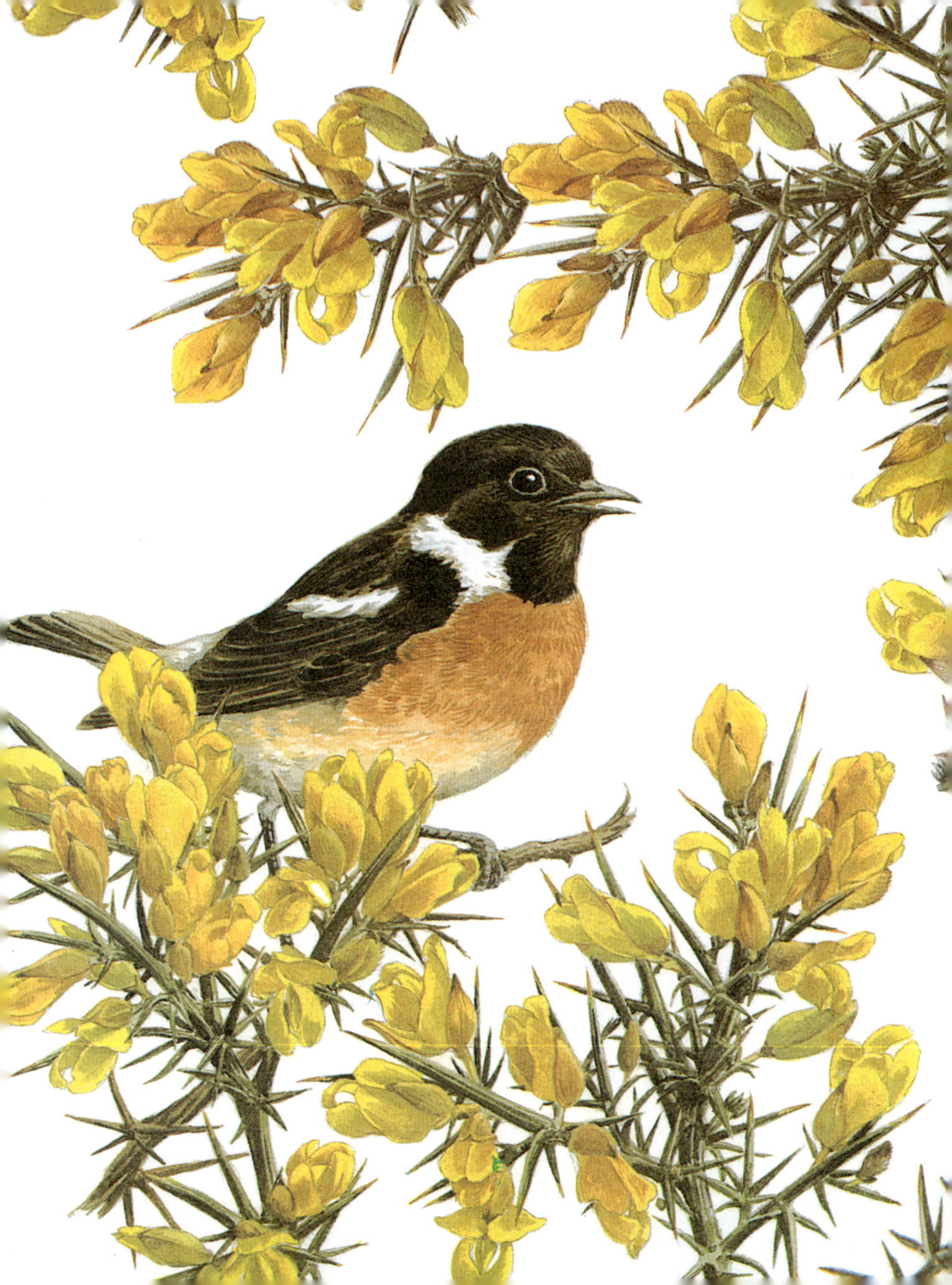

June

25

26

27

28

29

30

Notes

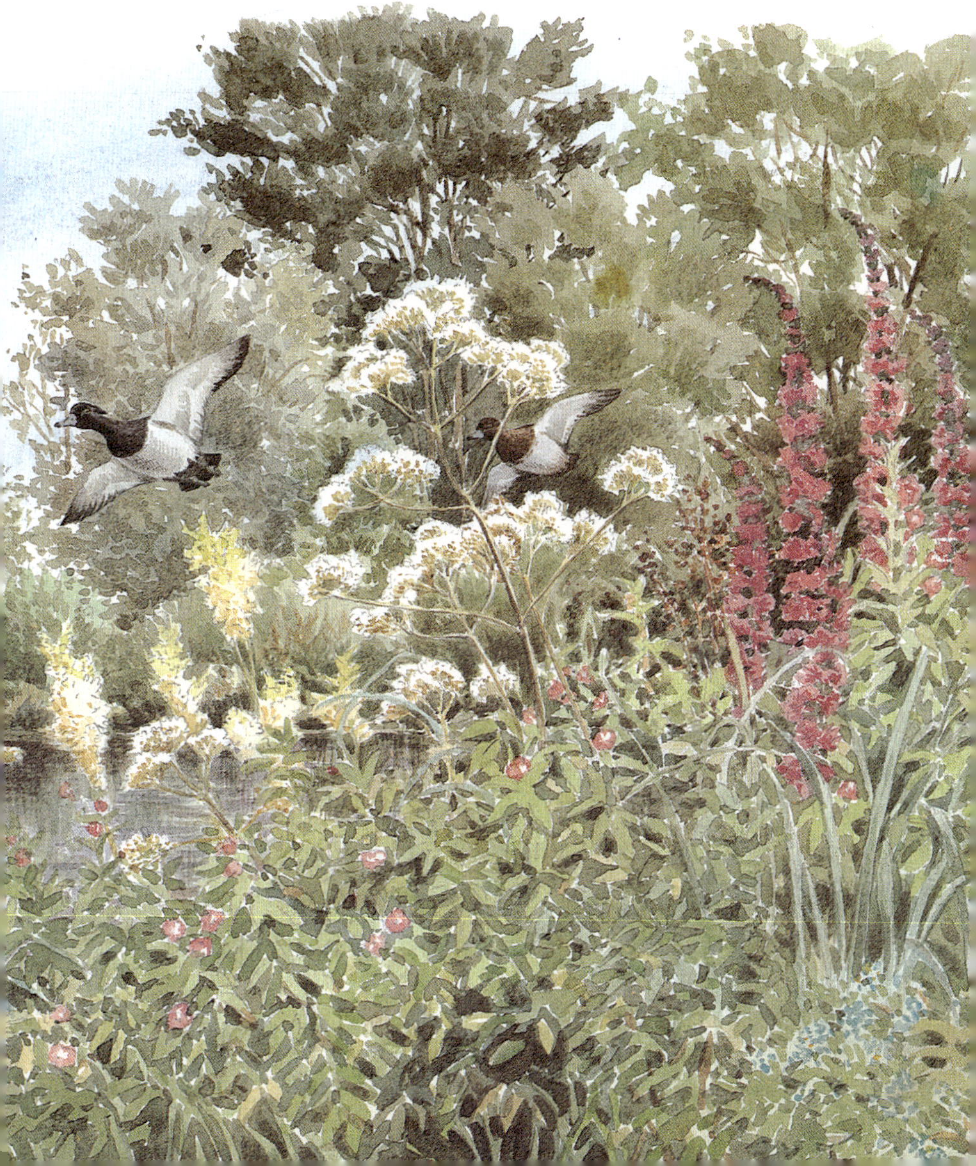

JULY

1

2

3

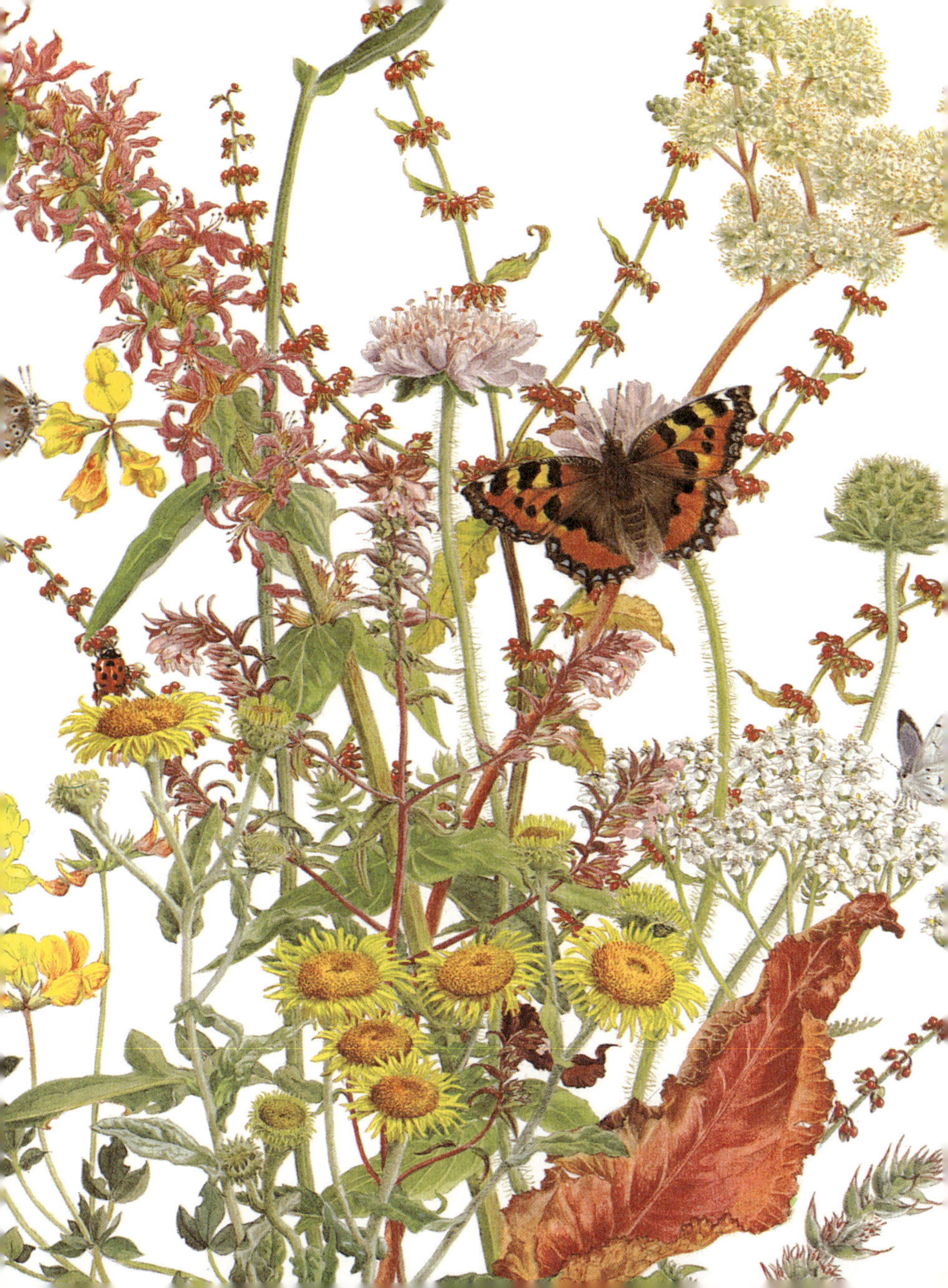

July

4

5

6

7

8

9

10

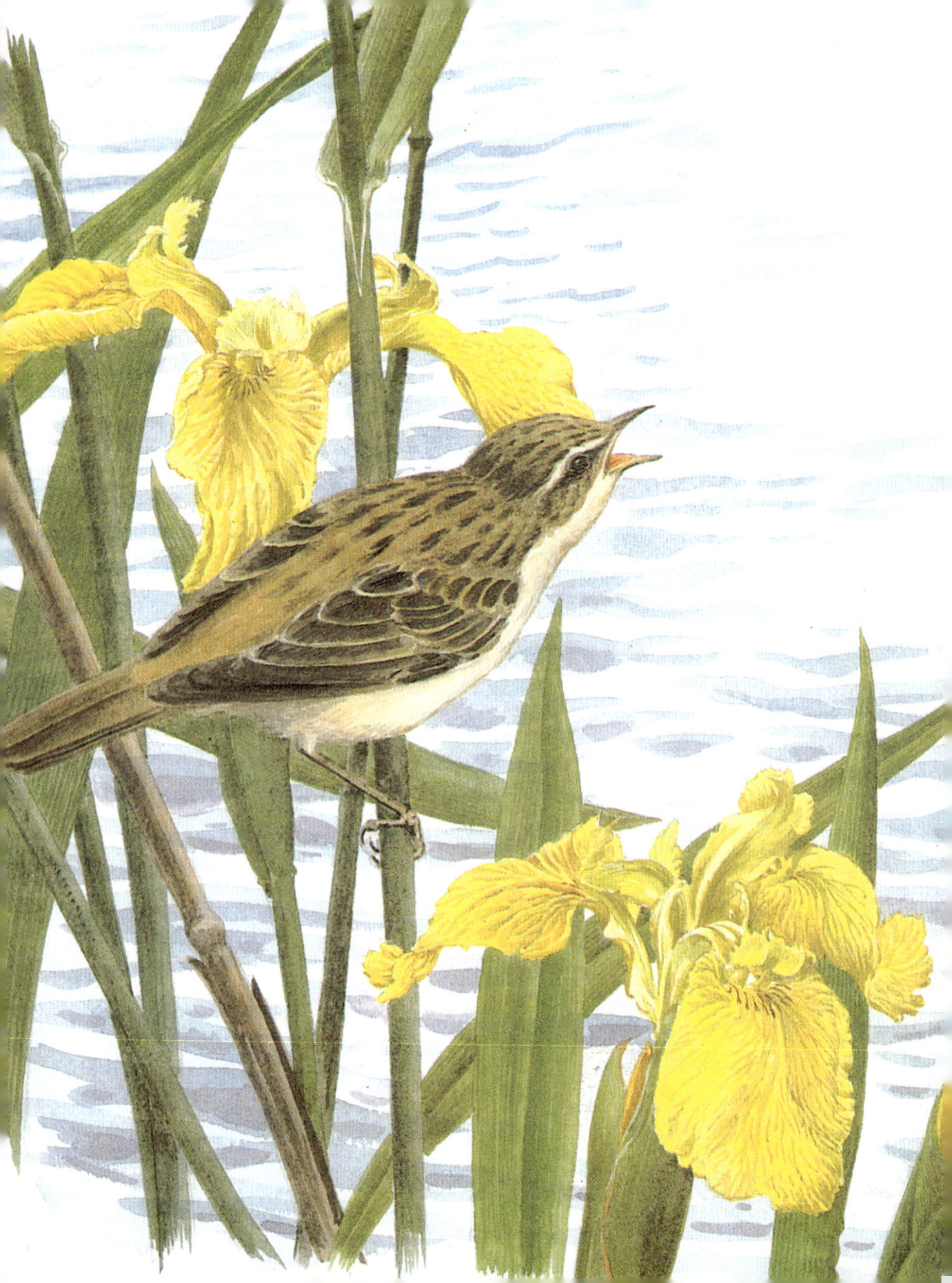

July

11

12

13

14

15

16

17

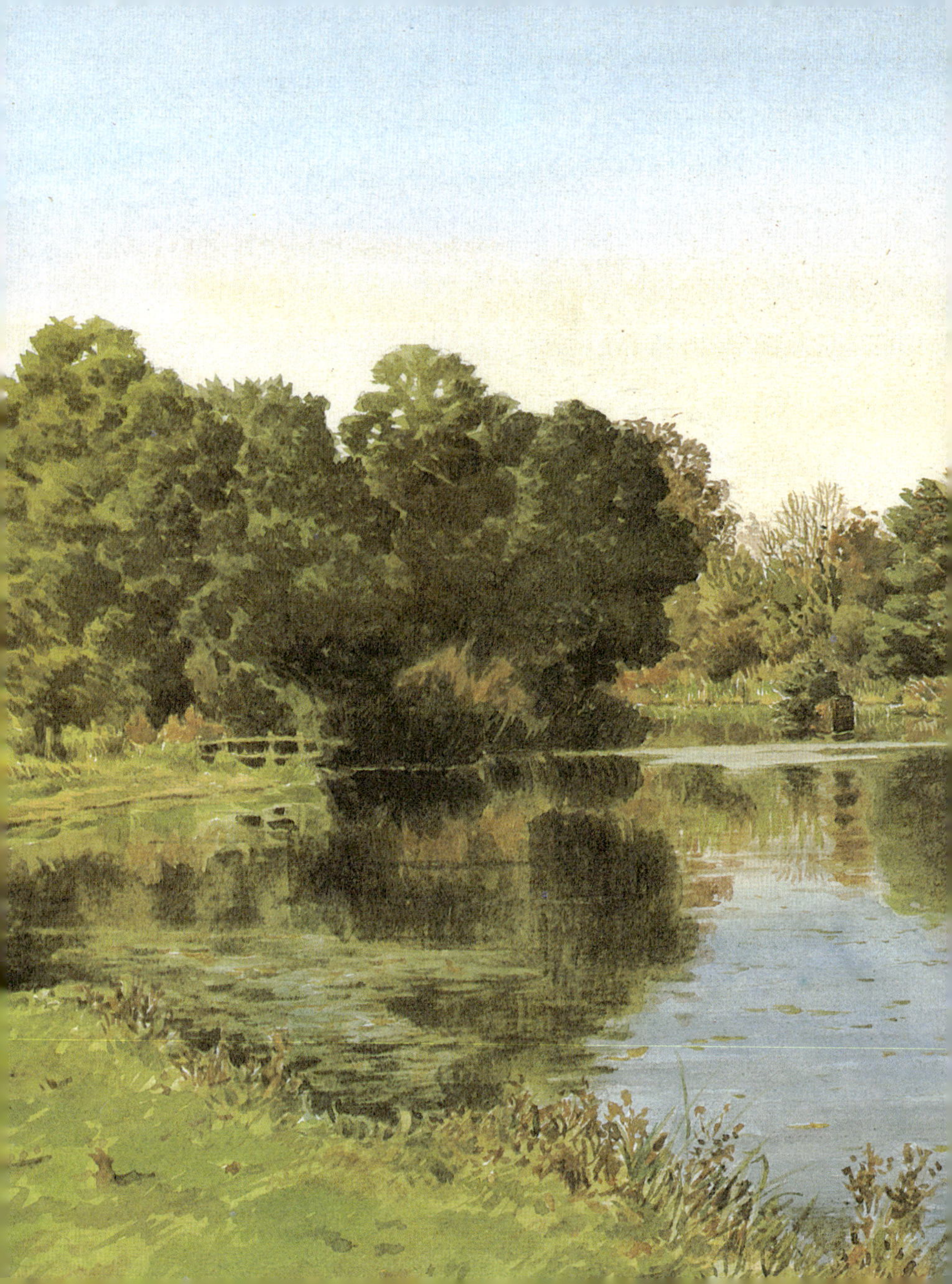

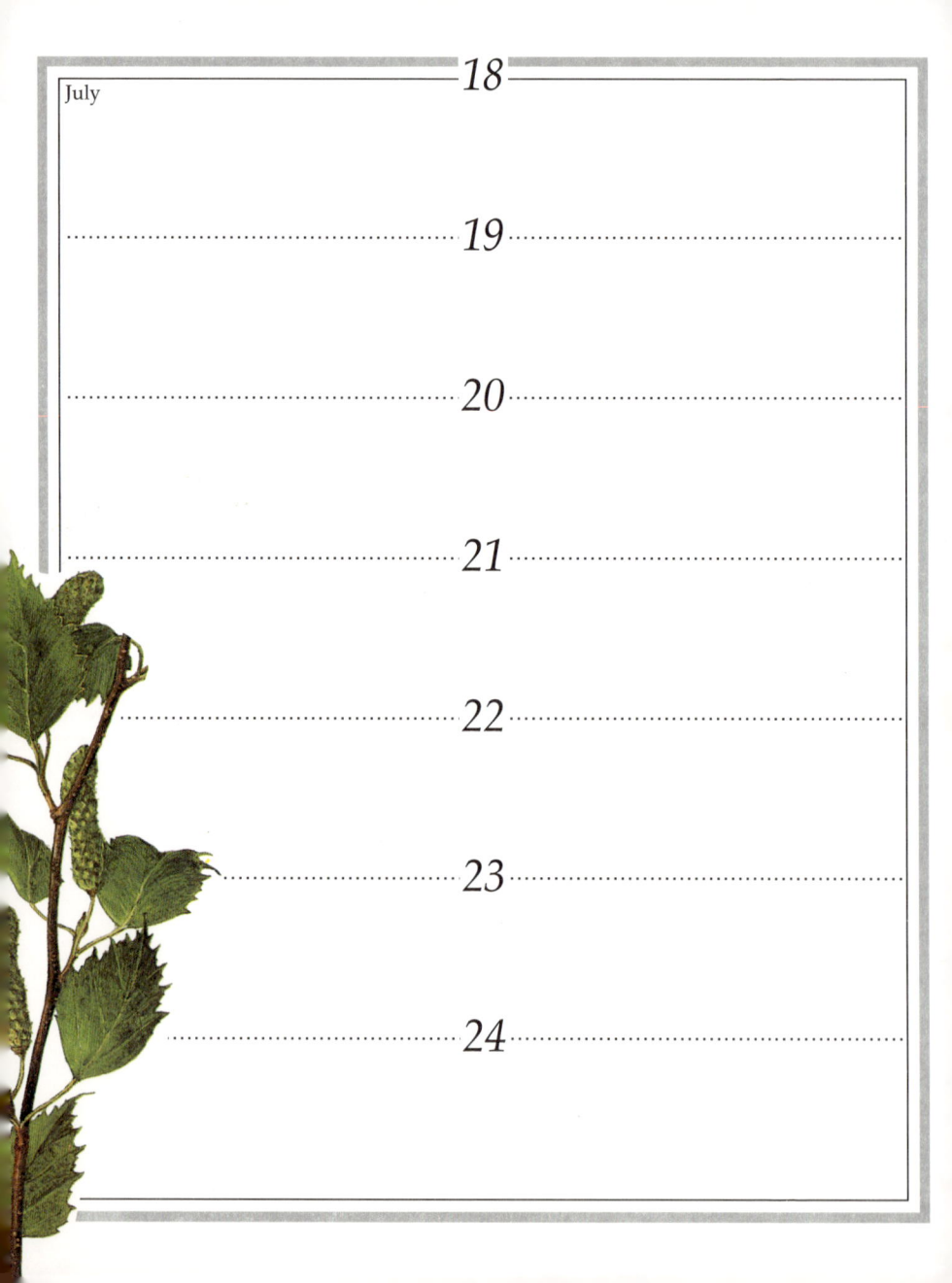

July

18

19

20

21

22

23

24

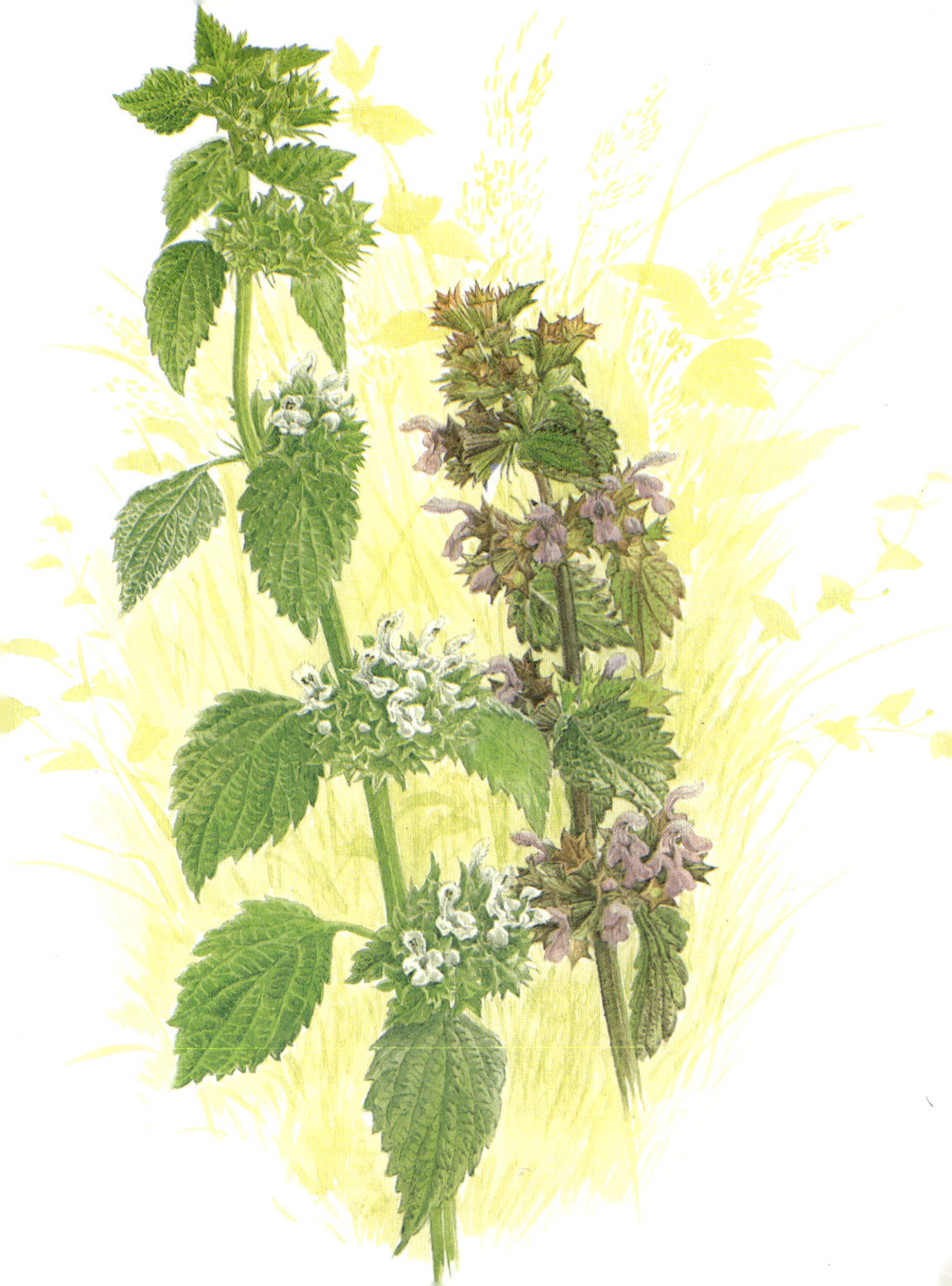

July

25

26

27

28

29

30

31

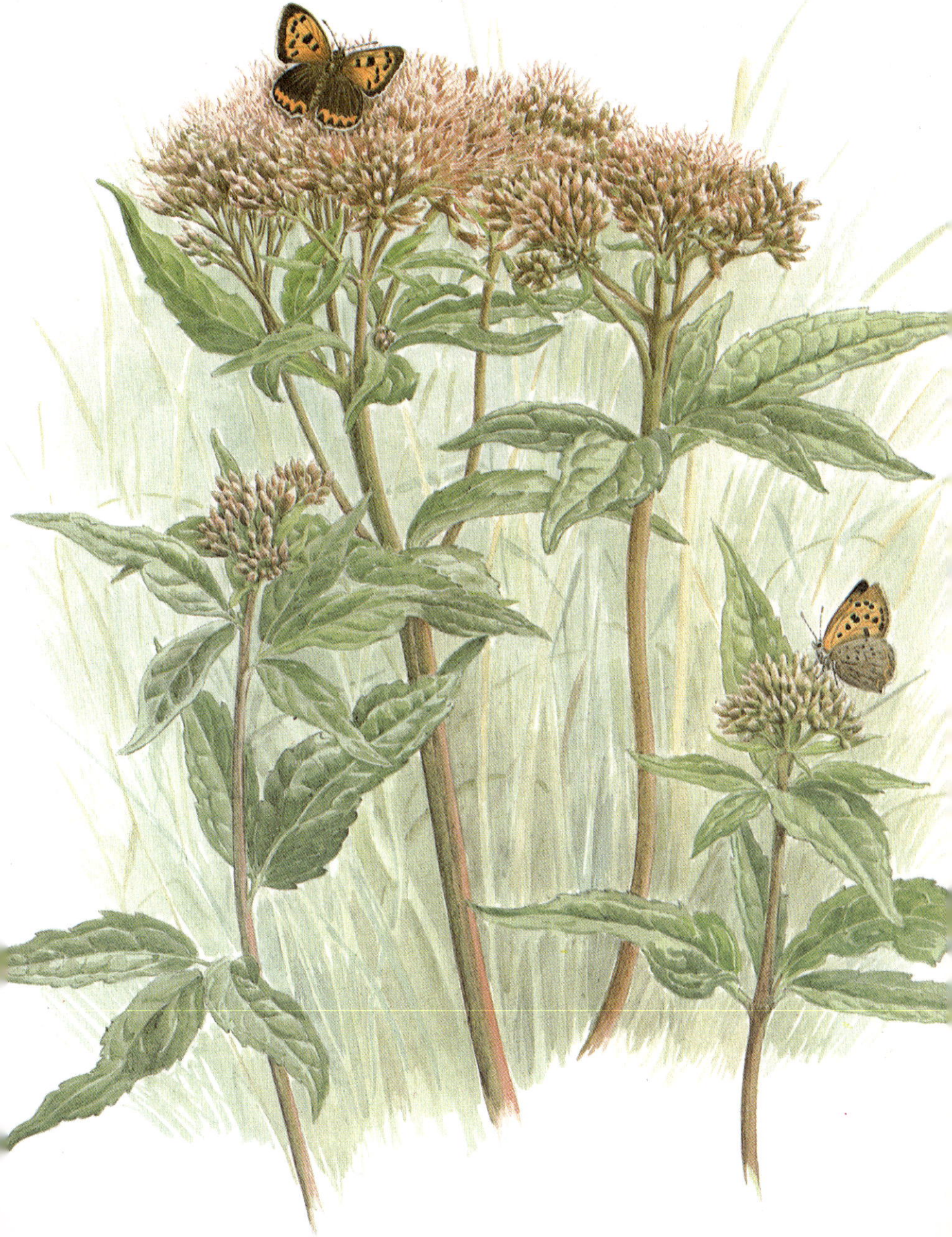

AUGUST

1

2

3

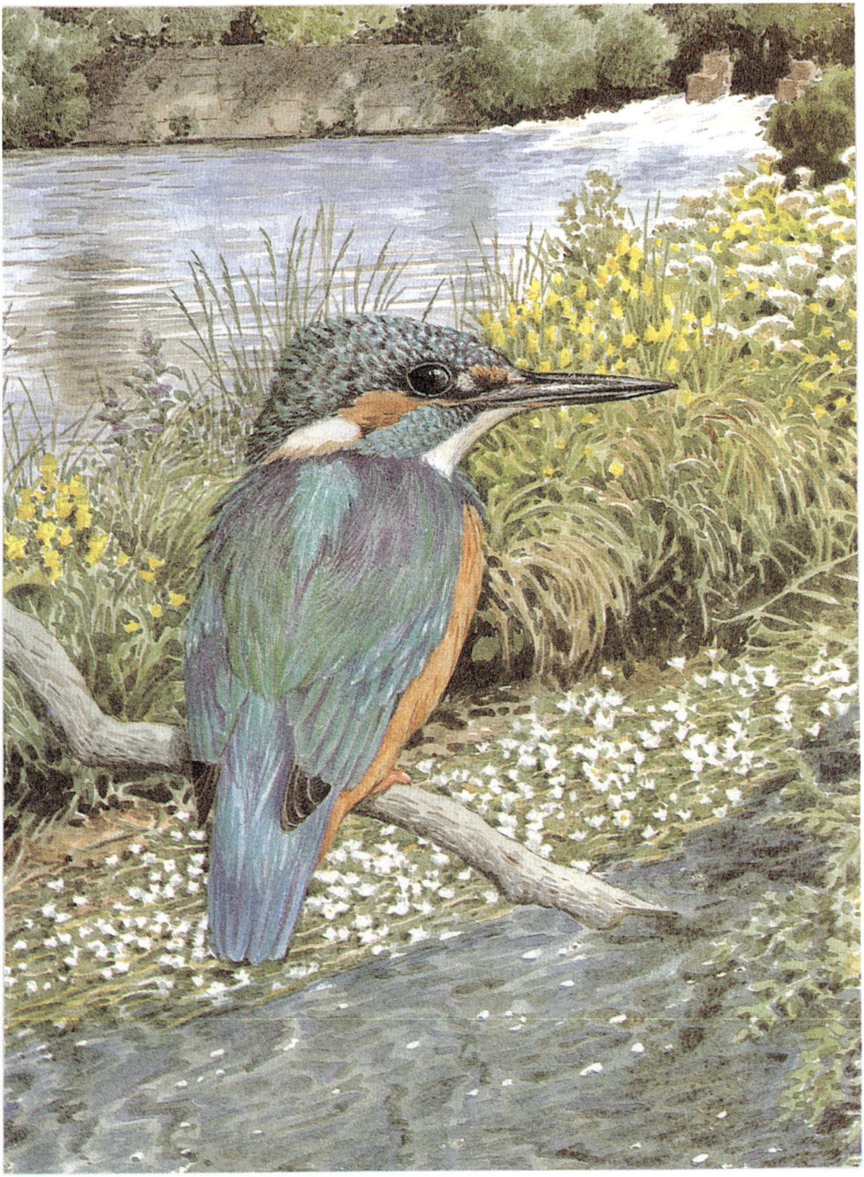

August

4

5

6

7

8

9

10

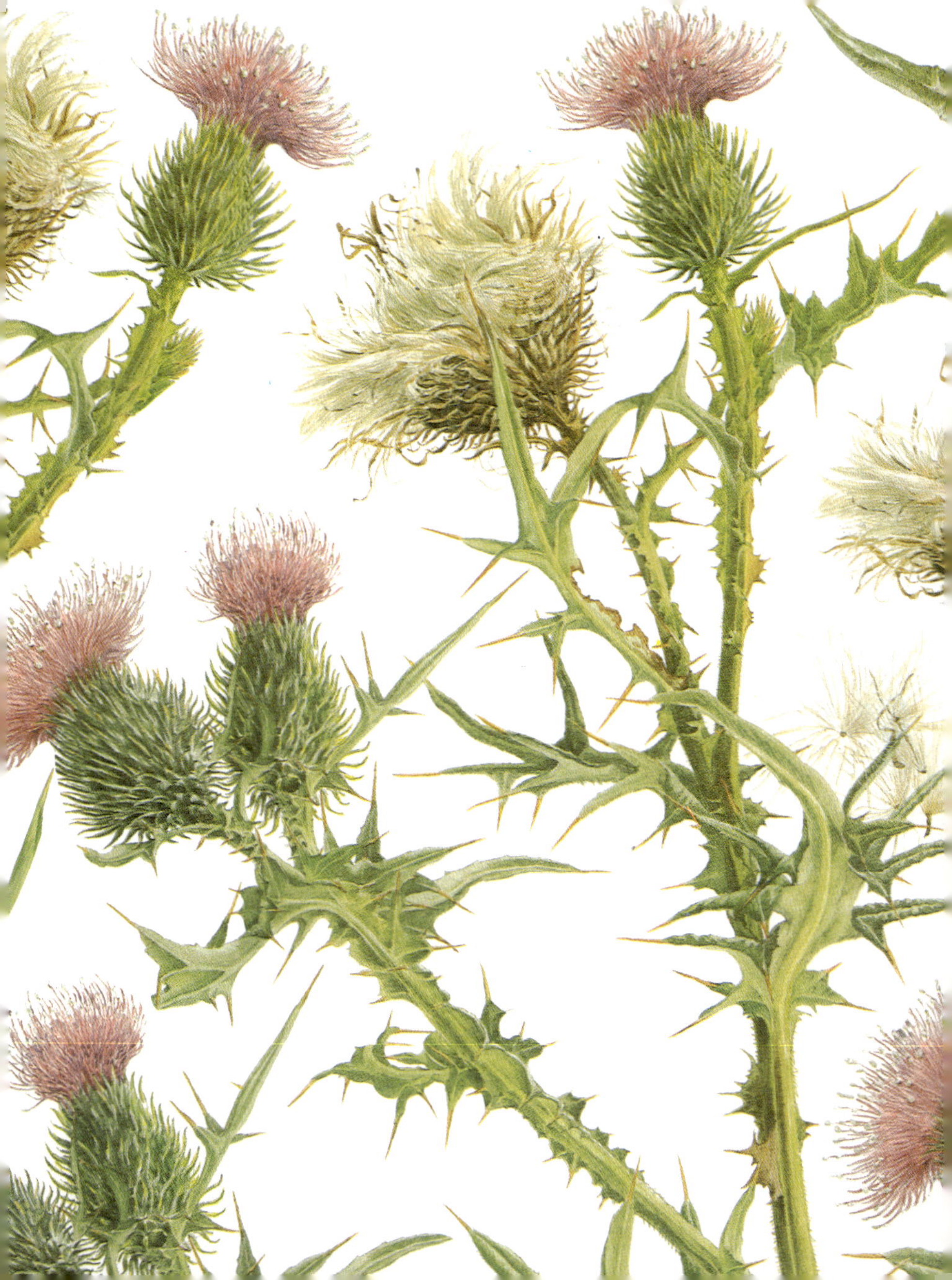

August

11

12

13

14

15

16

17

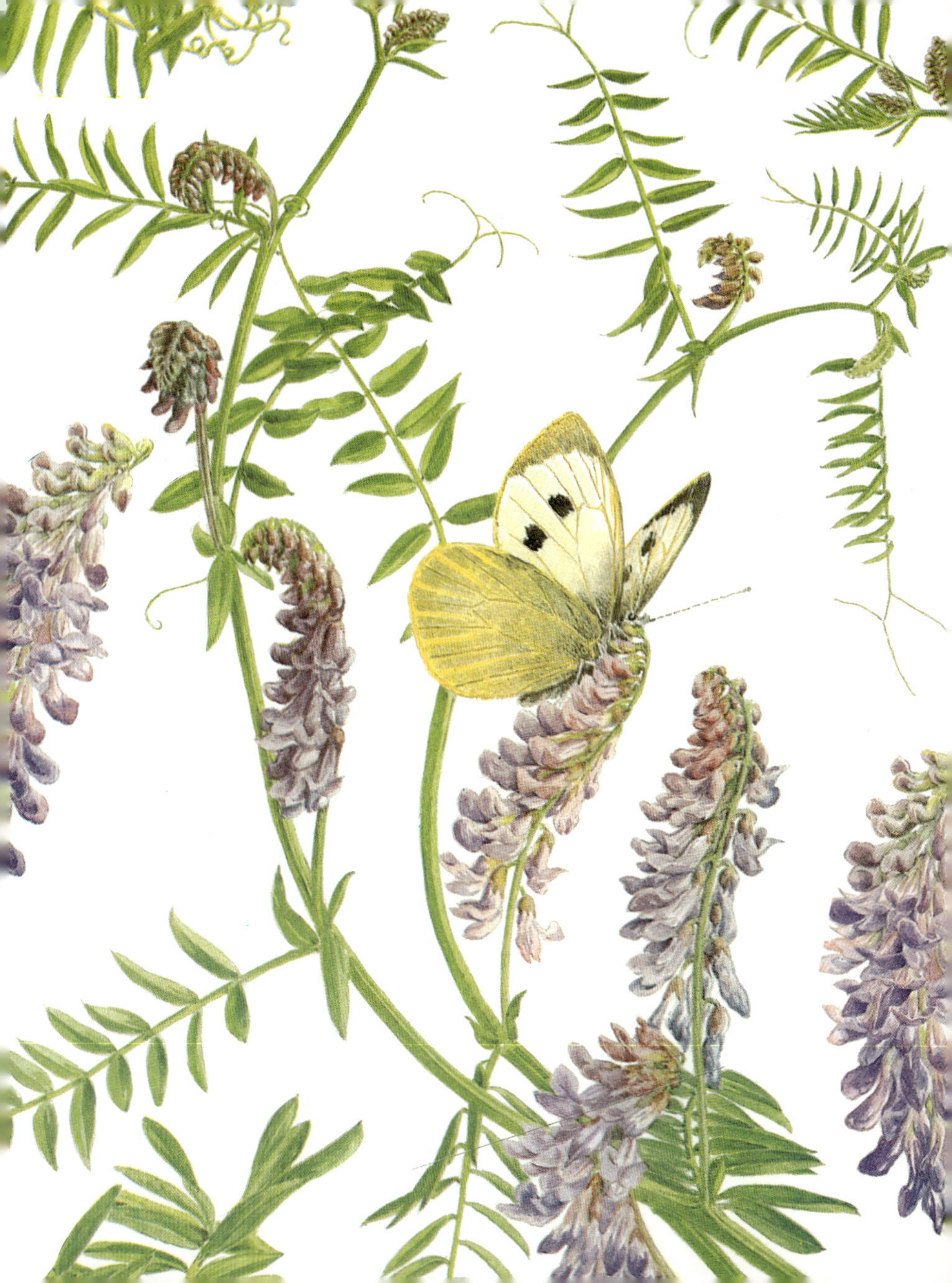

August

18

19

20

21

22

23

24

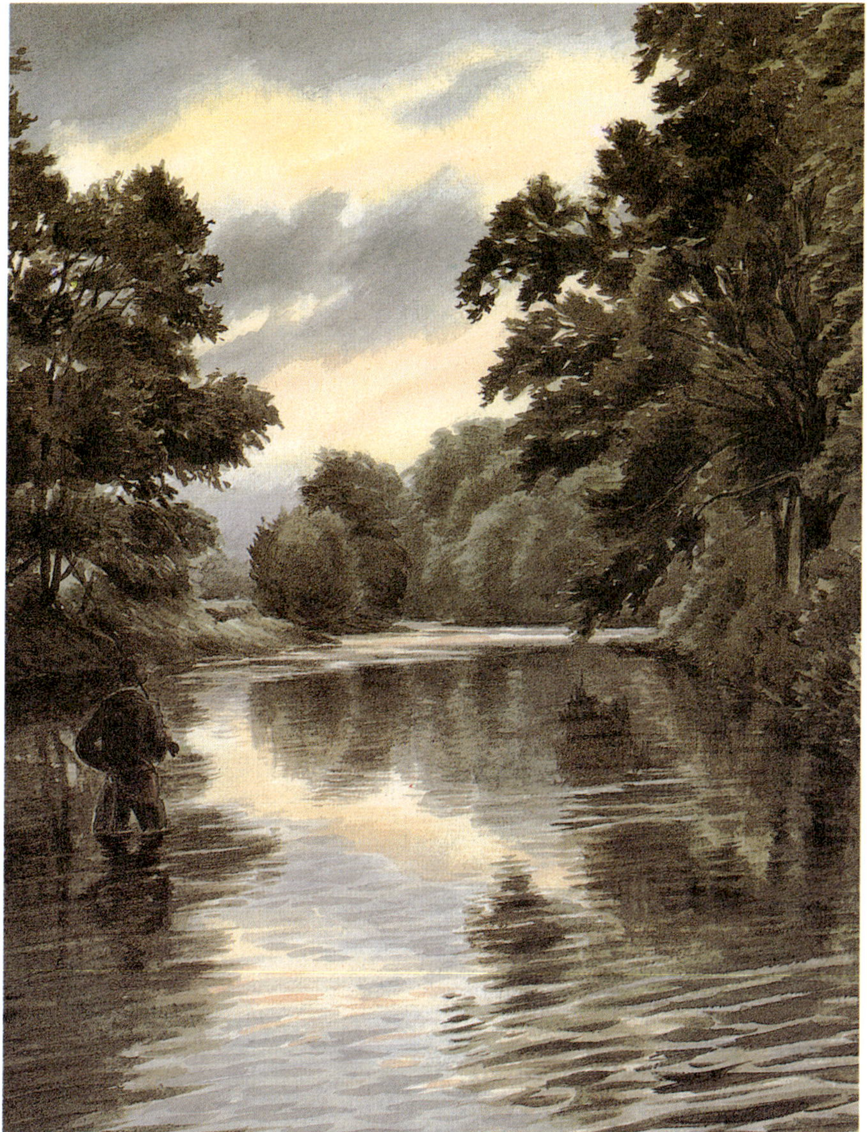

August

25

26

27

28

29

30

31

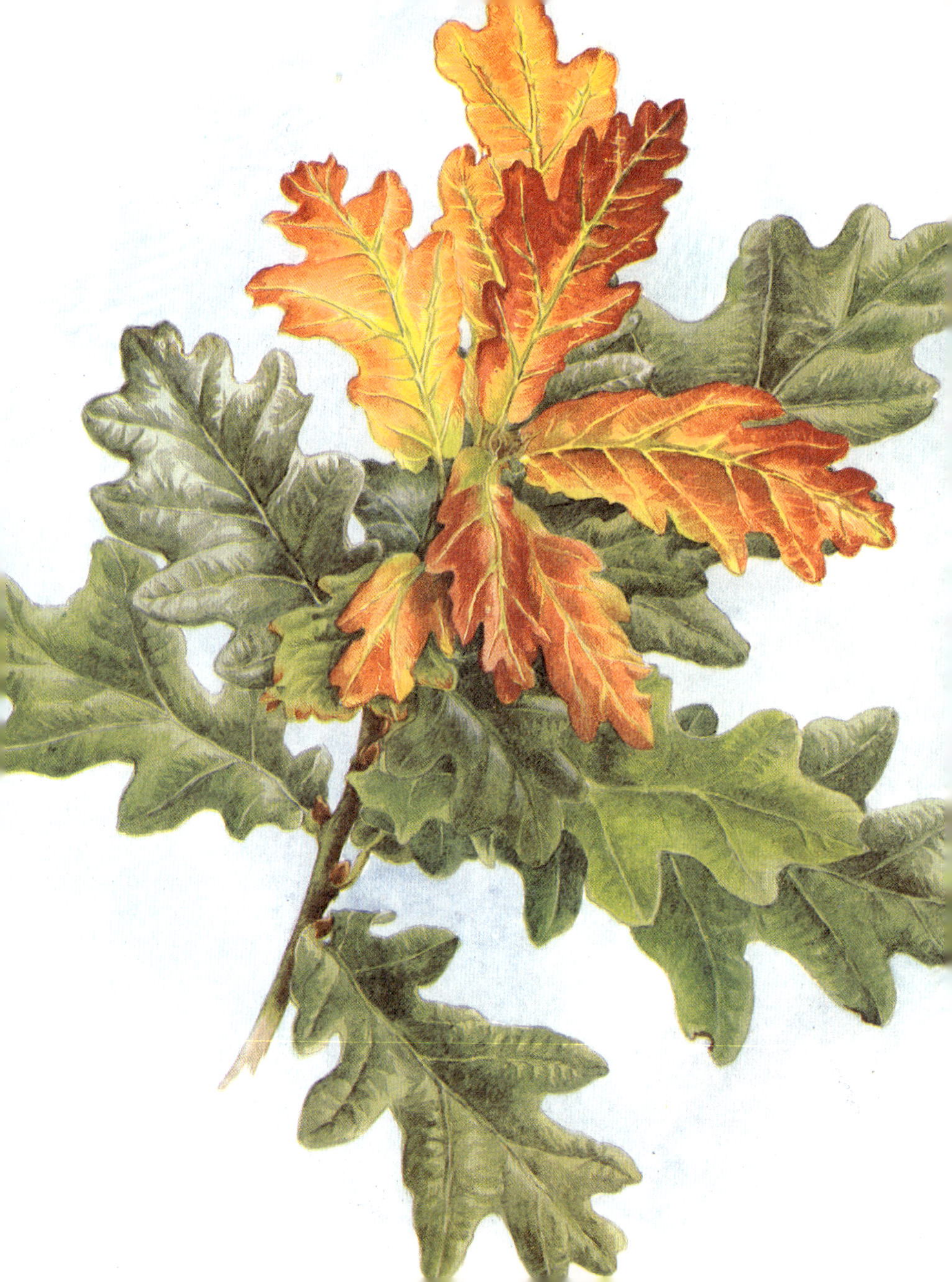

SEPTEMBER

1

2

3

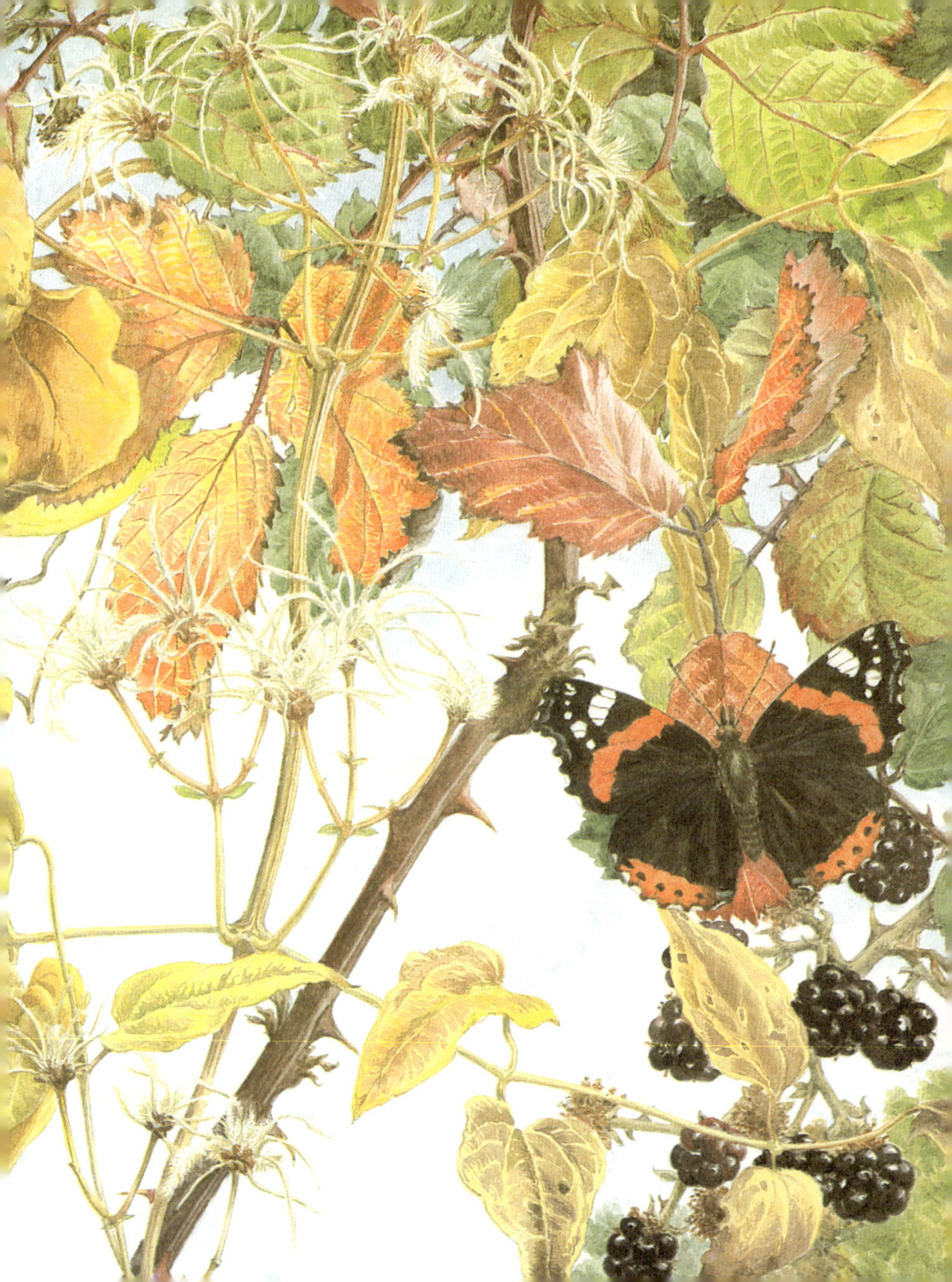

September

---- 4

---- 5

---- 6

---- 7

---- 8

---- 9

---- 10

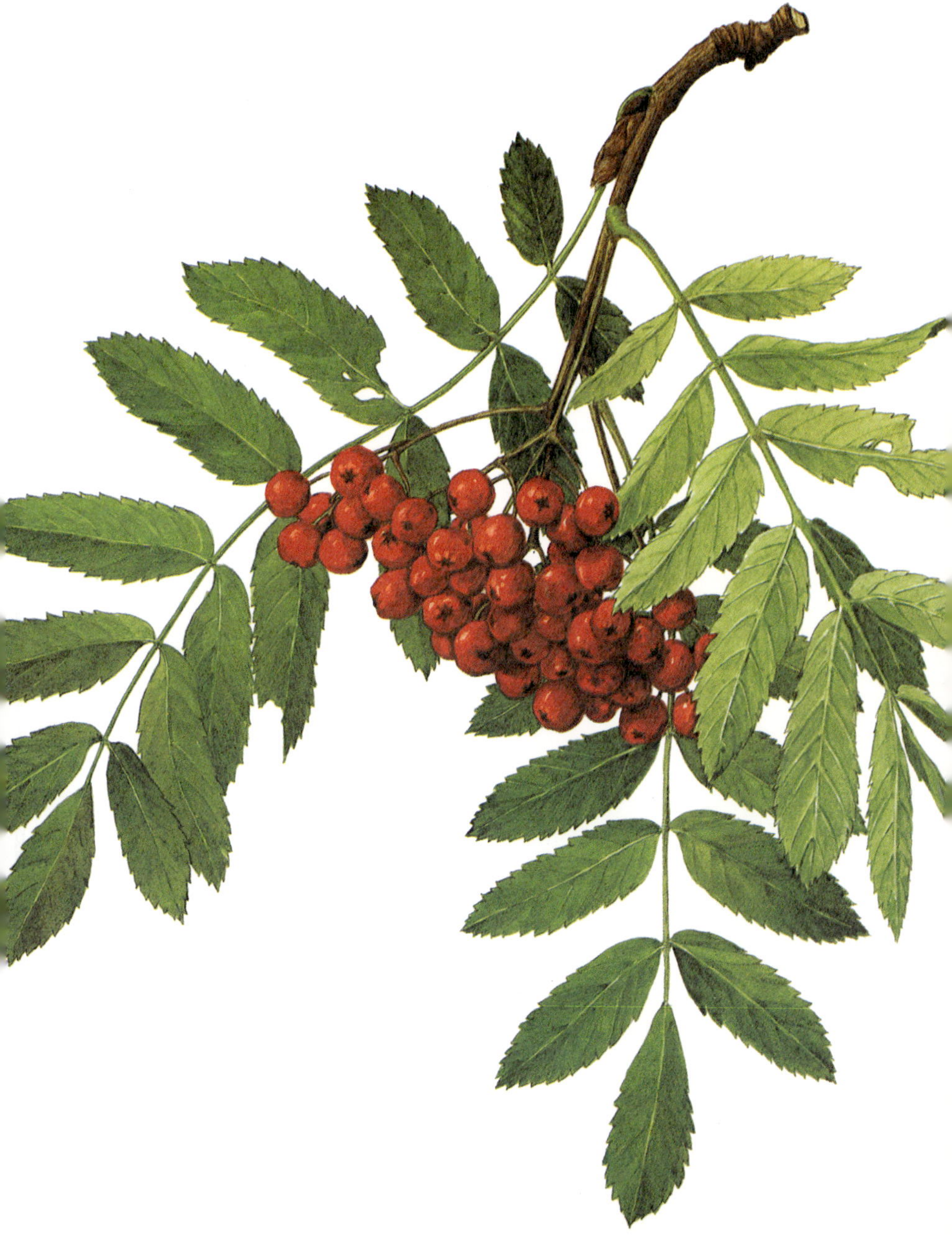

September

11

12

13

14

15

16

17

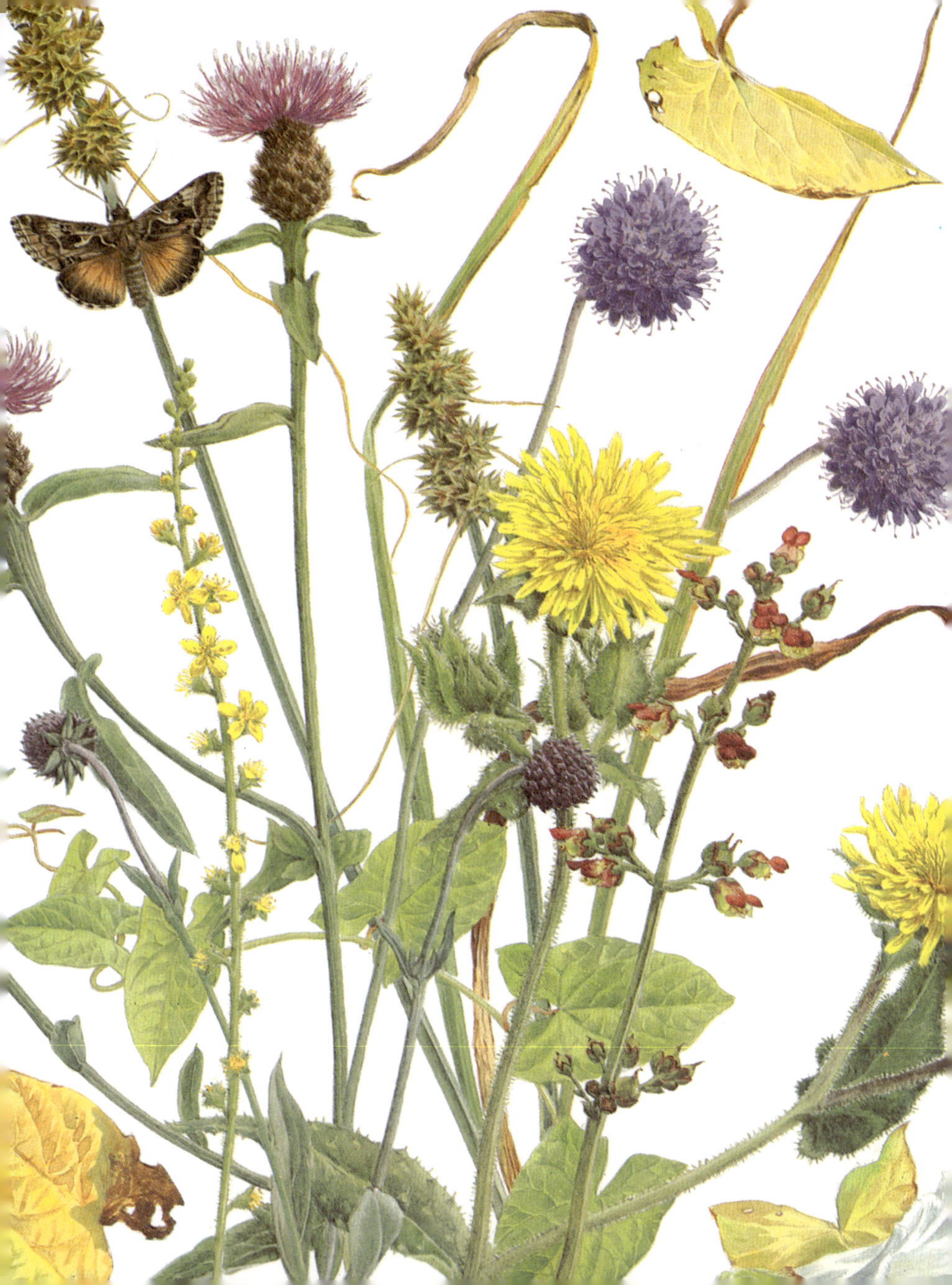

September

18

19

20

21

22

23

24

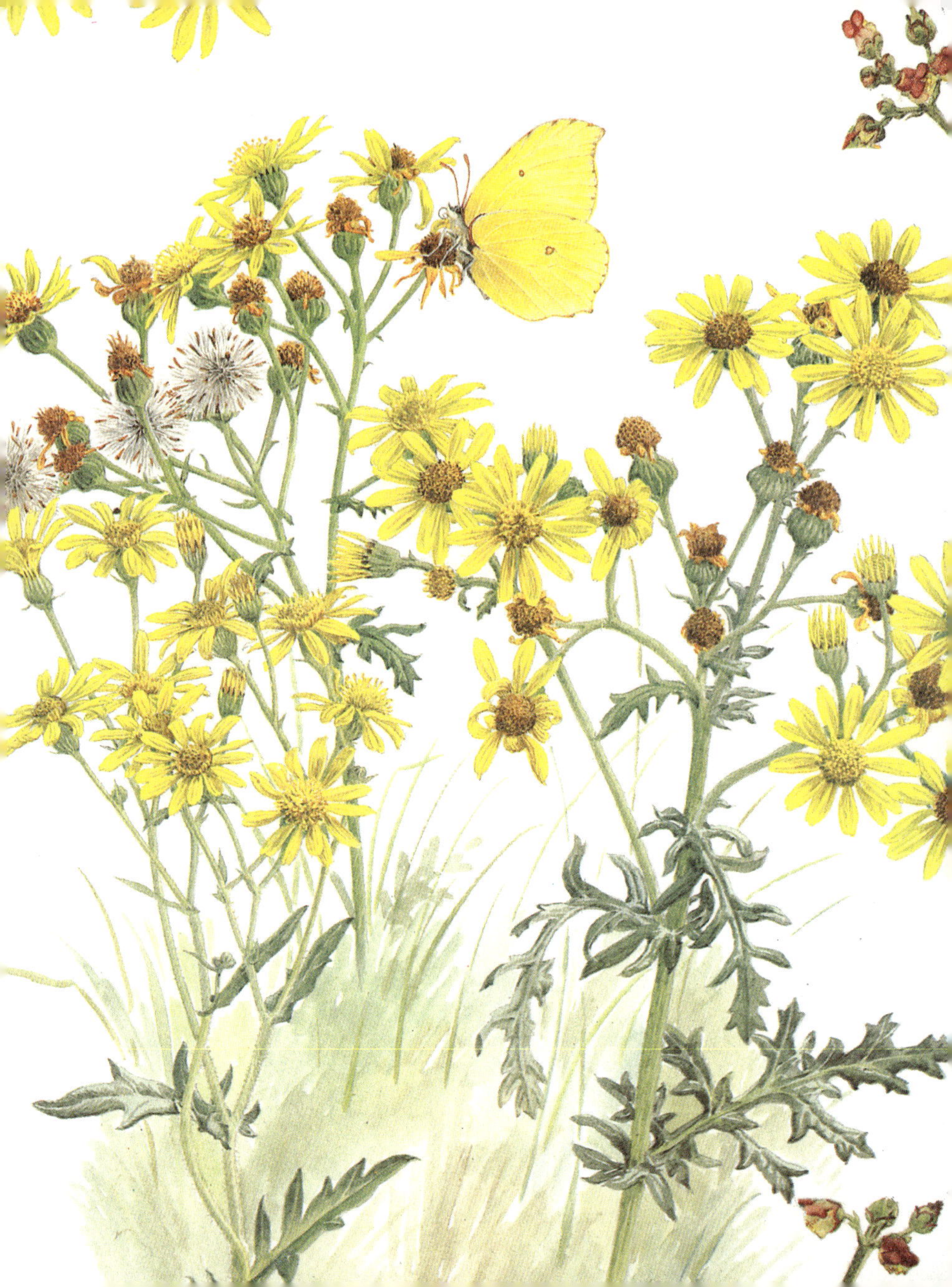

September

25

26

27

28

29

30

Notes

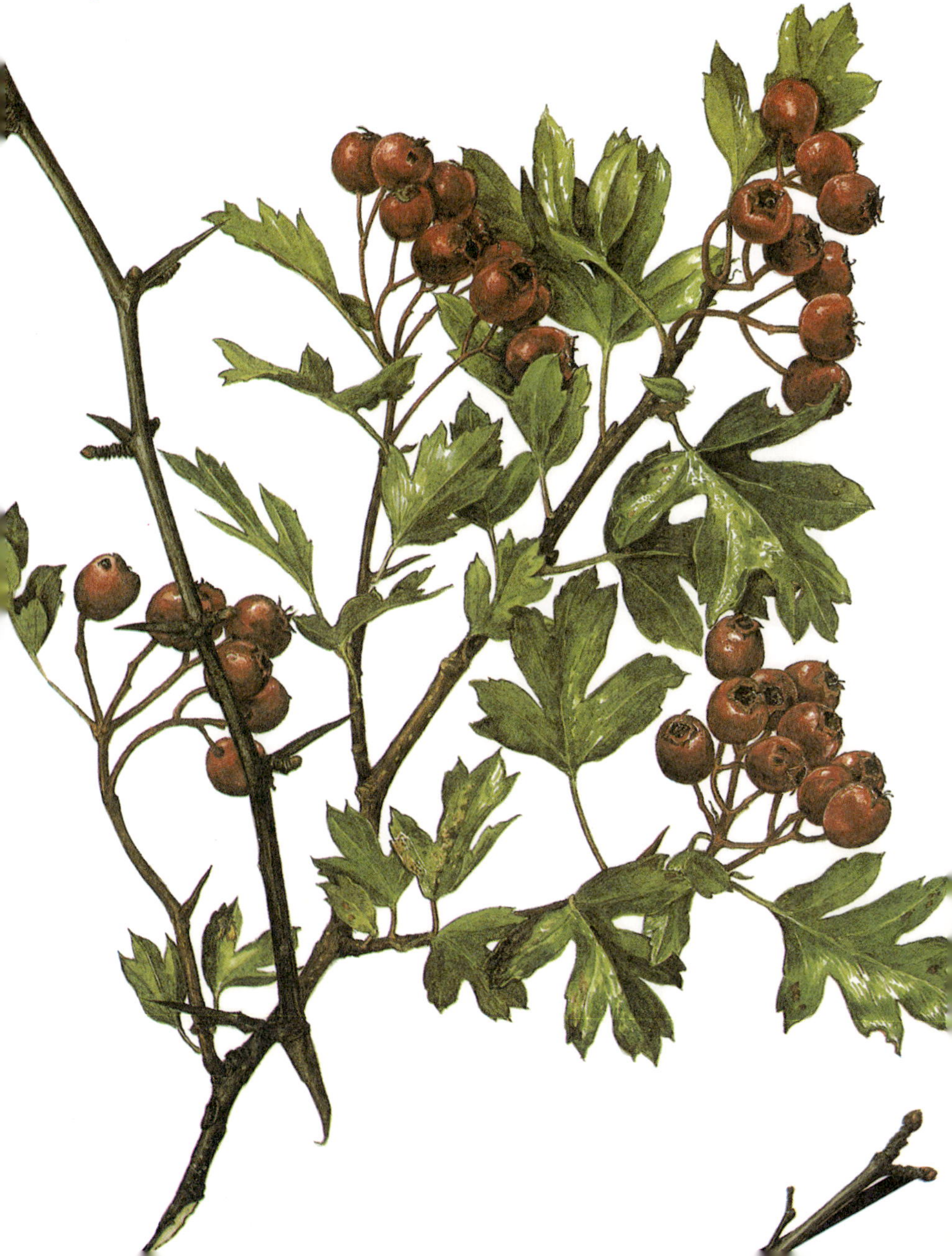

OCTOBER

1

2

3

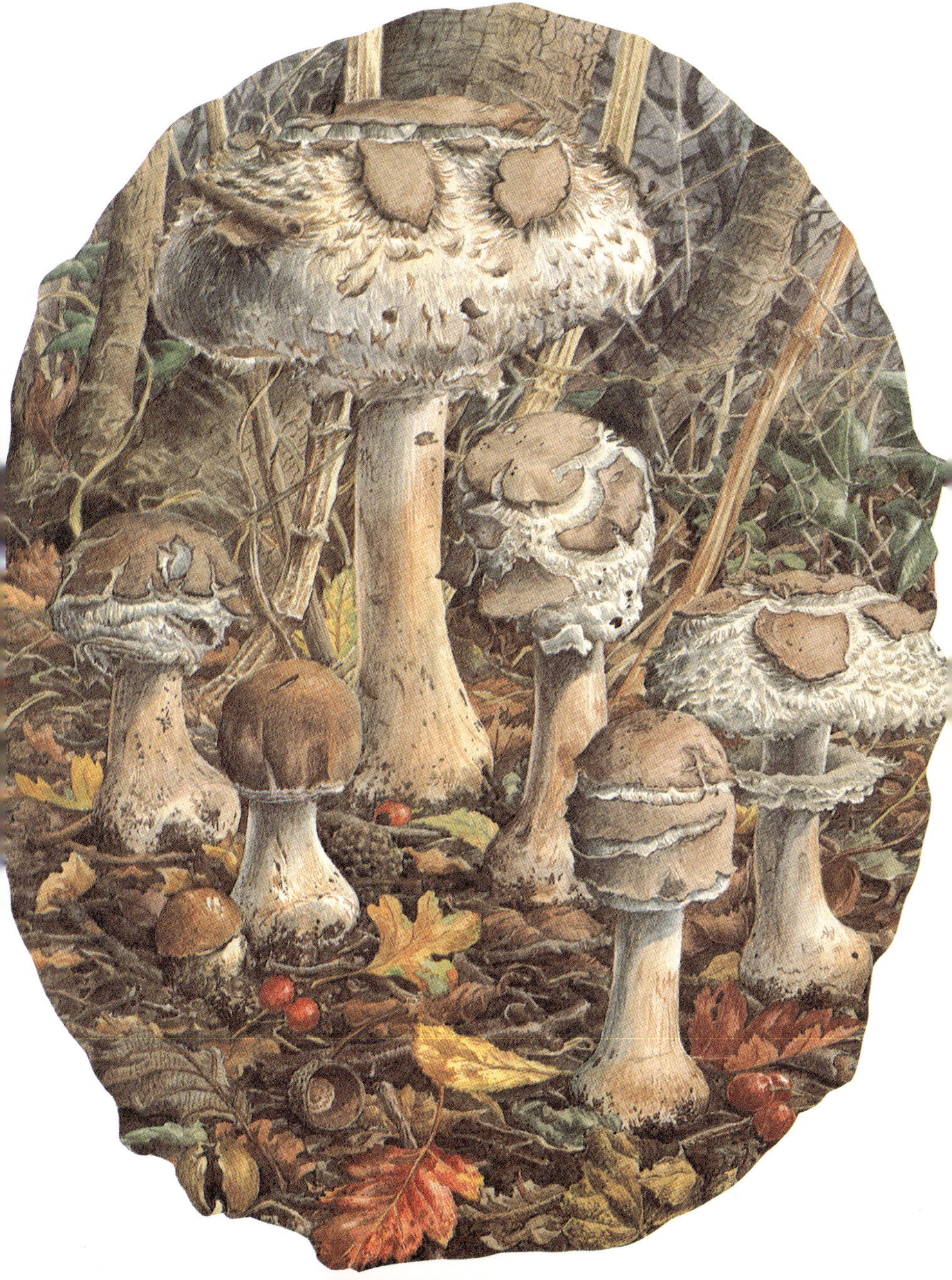

October

4

5

6

7

8

9

10

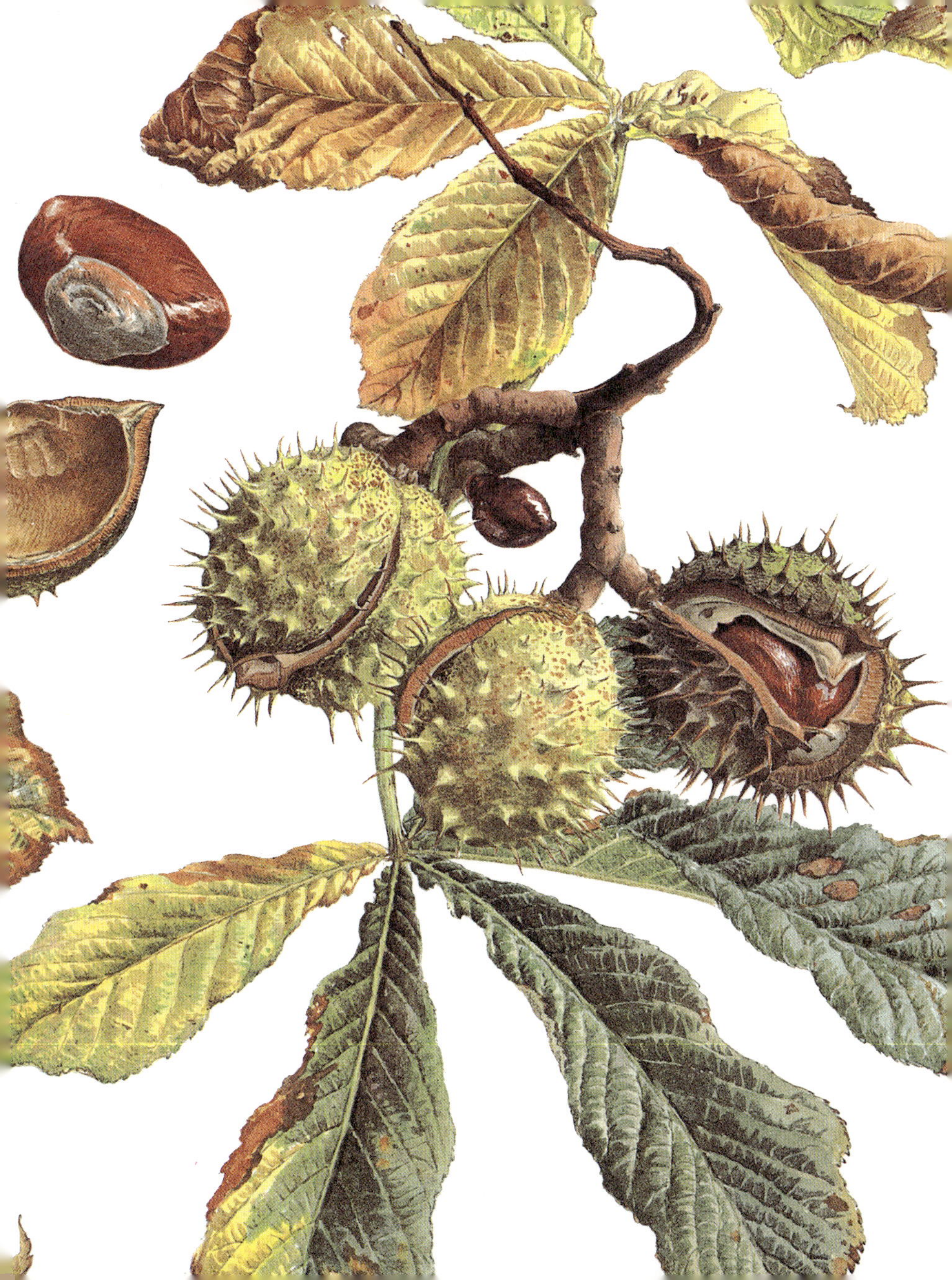

October

11

12

13

14

15

16

17

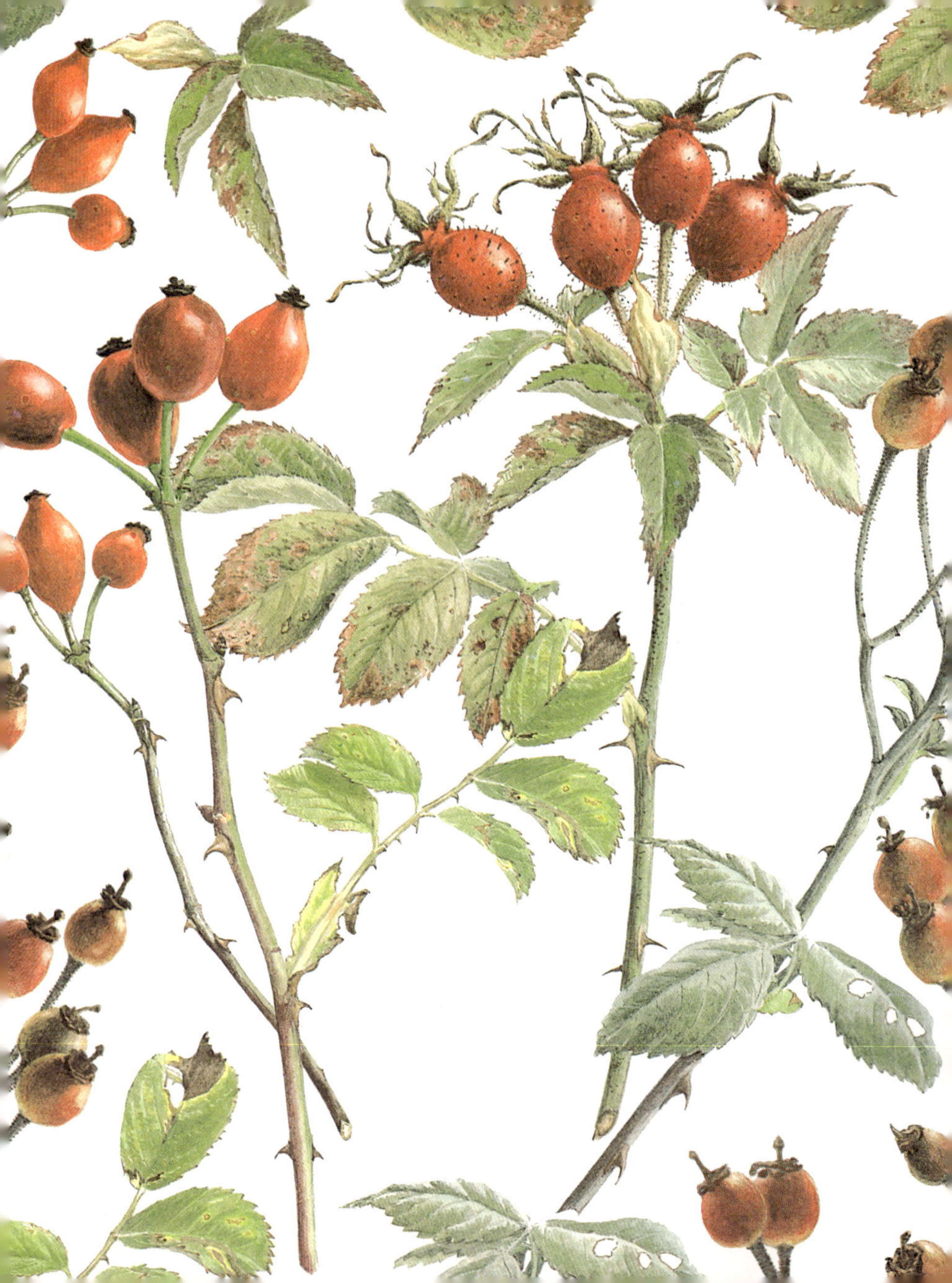

October

18

19

20

21

22

23

24

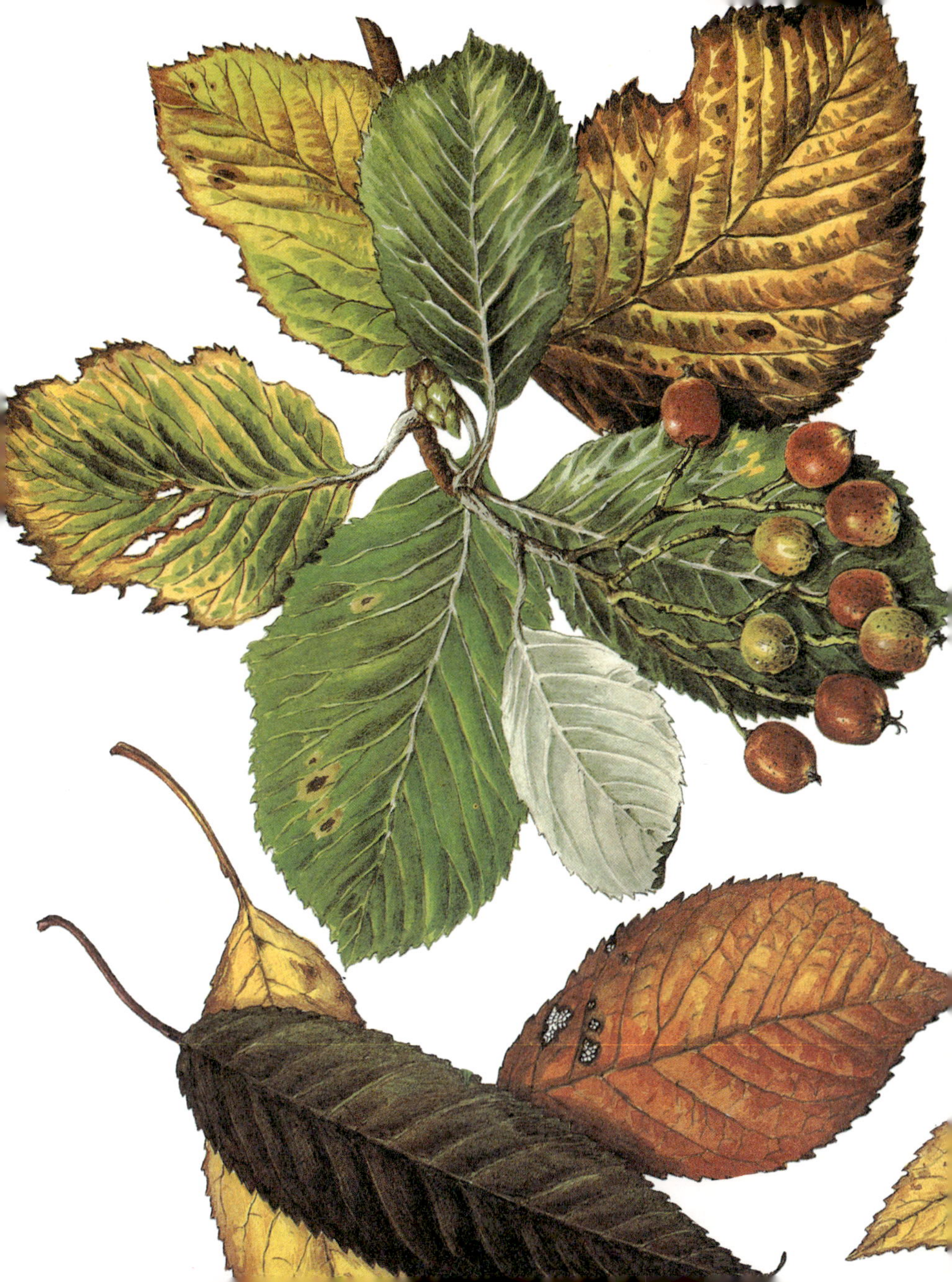

October

25

26

27

28

29

30

31

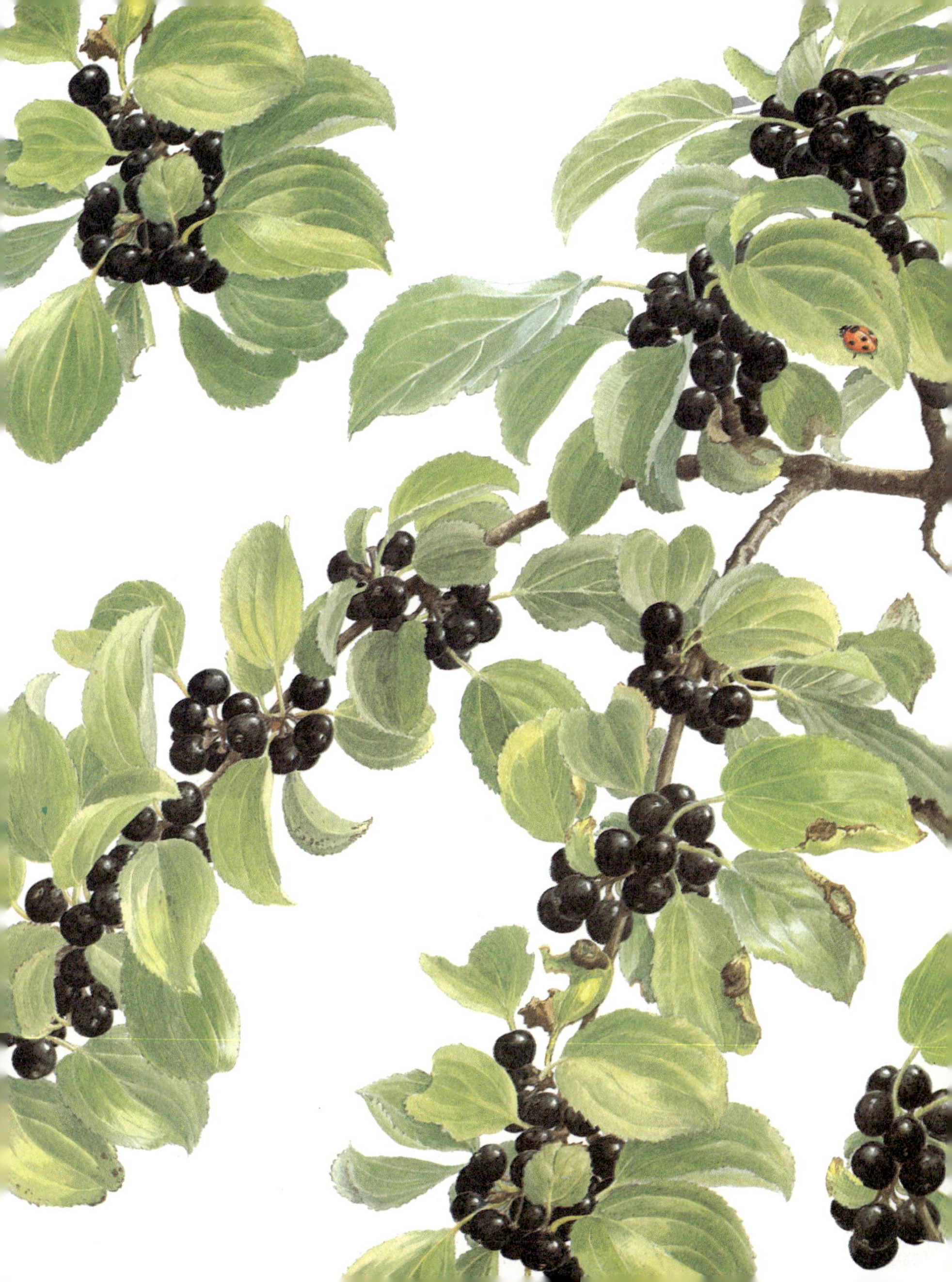

NOVEMBER

.... *1* ....

.... *2* ....

.... *3* ....

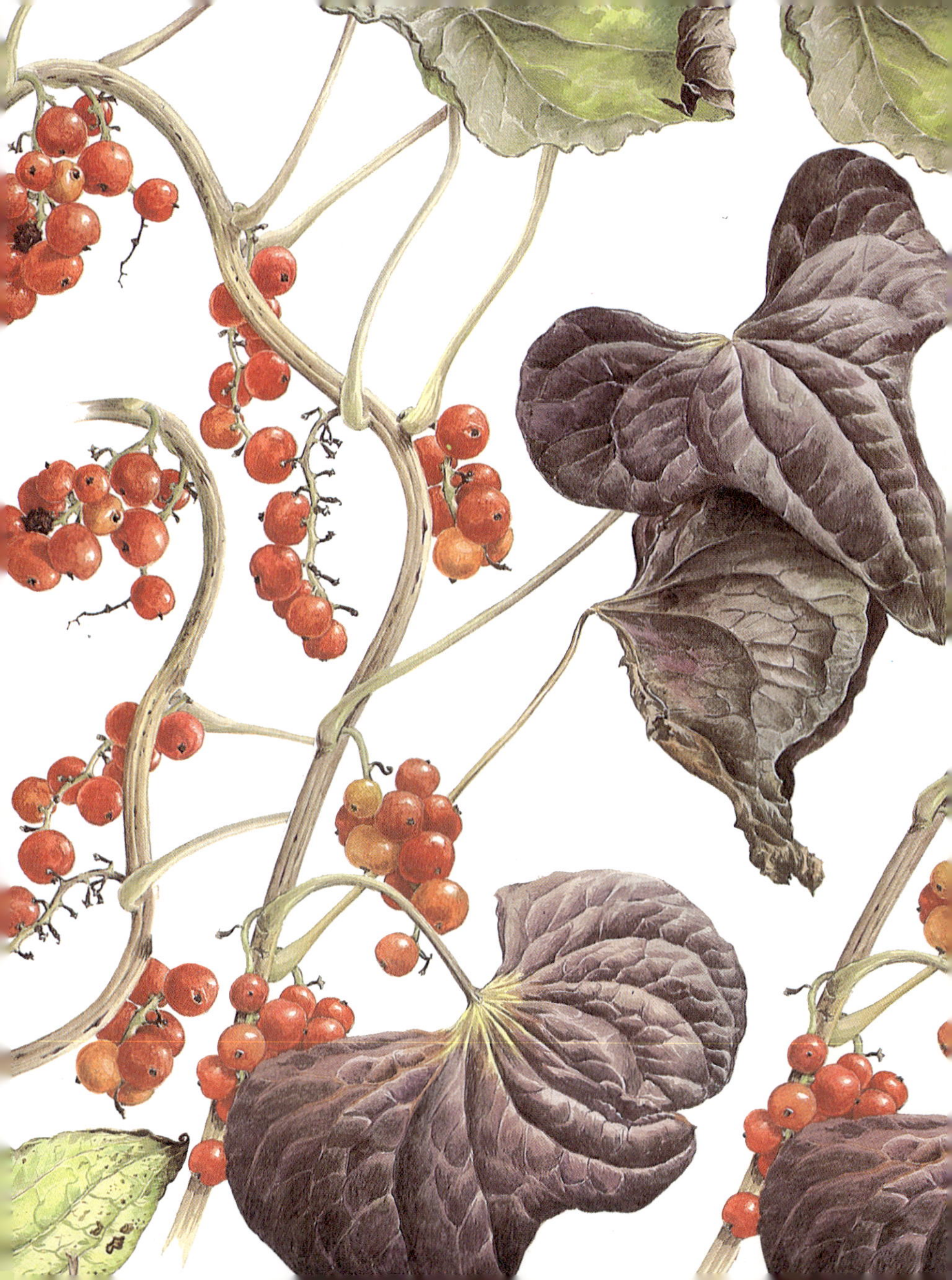

November

4

5

6

7

8

9

10

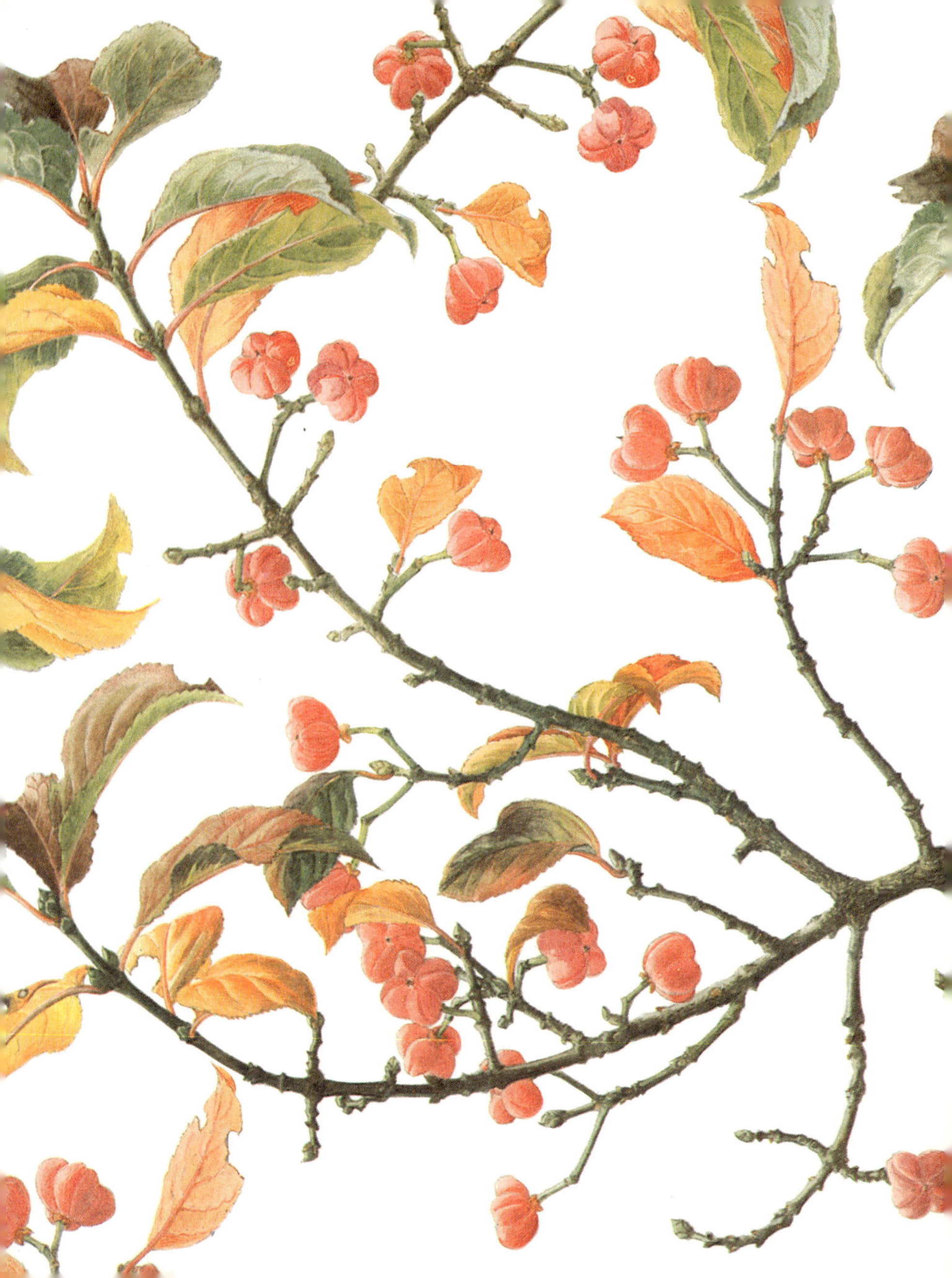

November

11

12

13

14

15

16

17

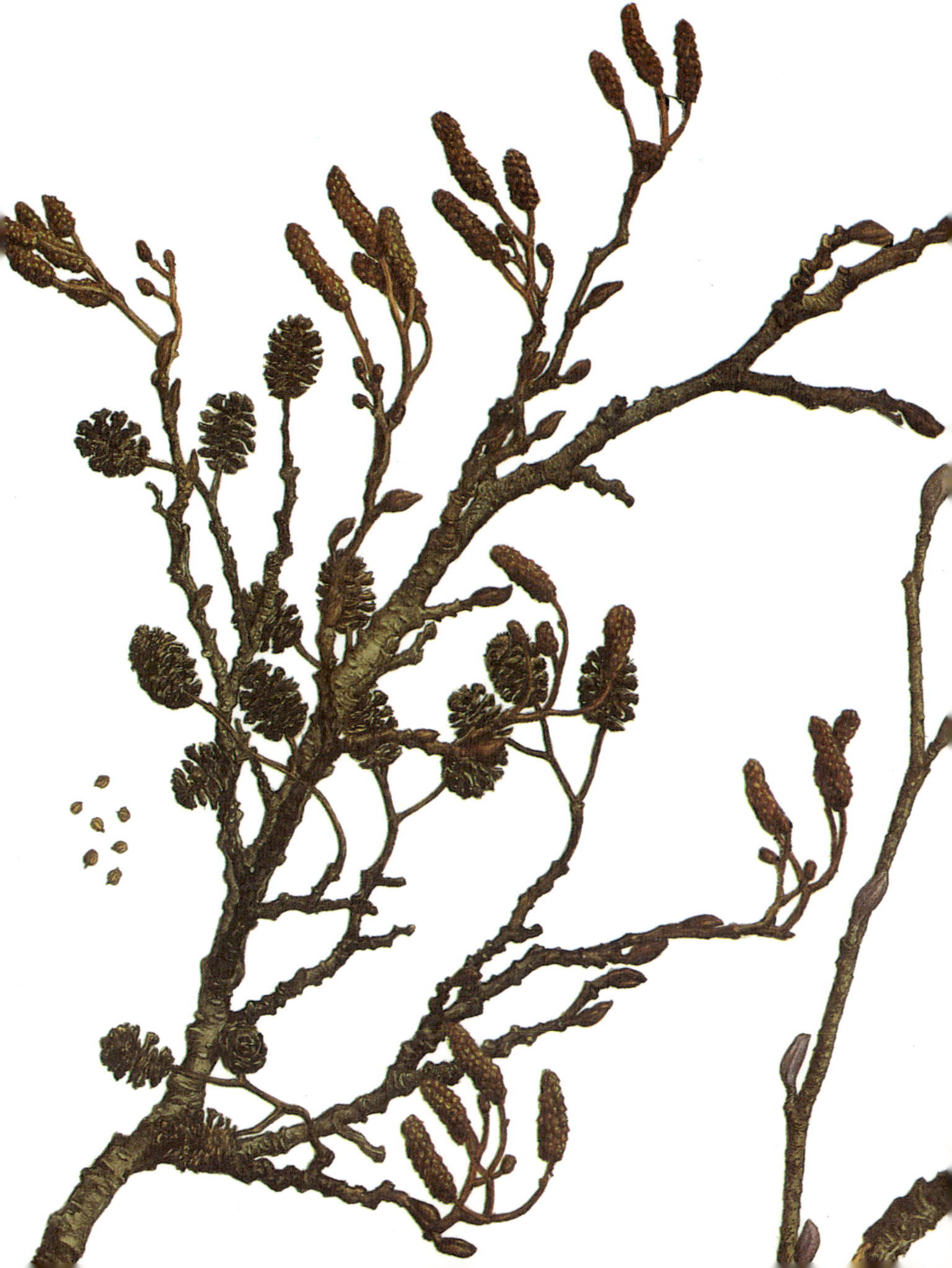

November

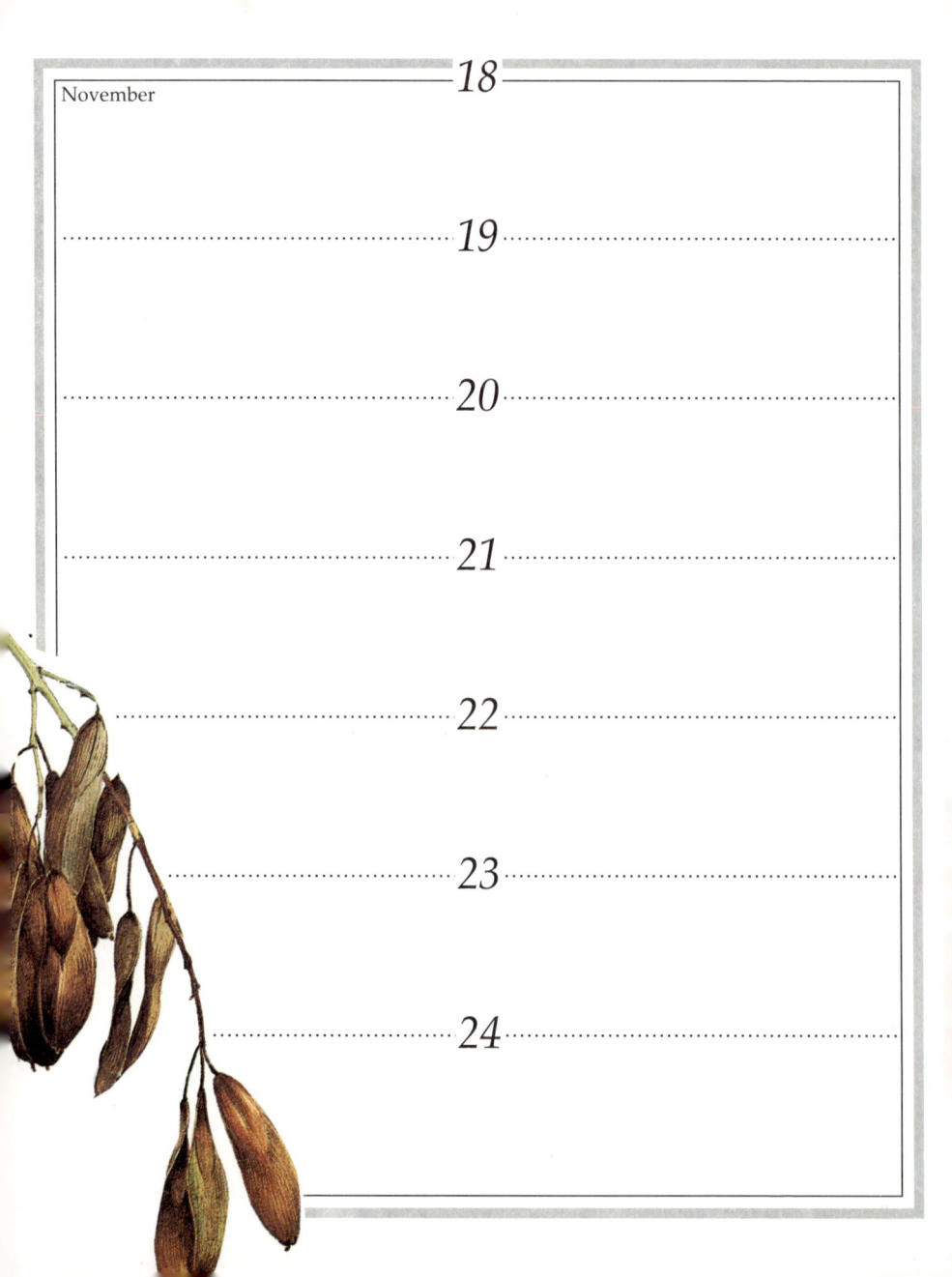

18

19

20

21

22

23

24

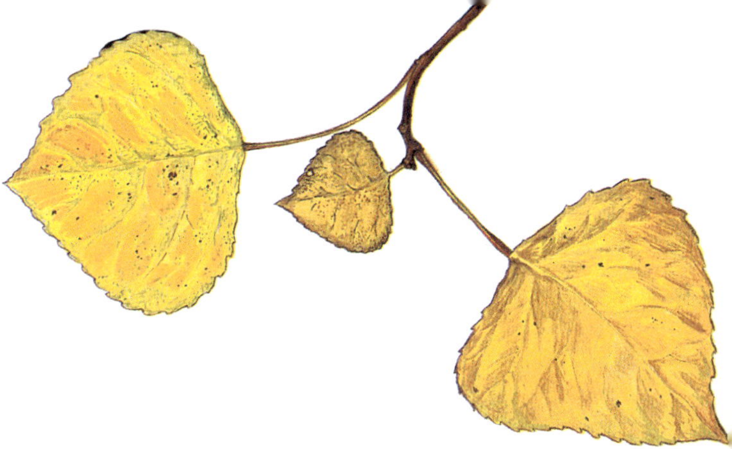

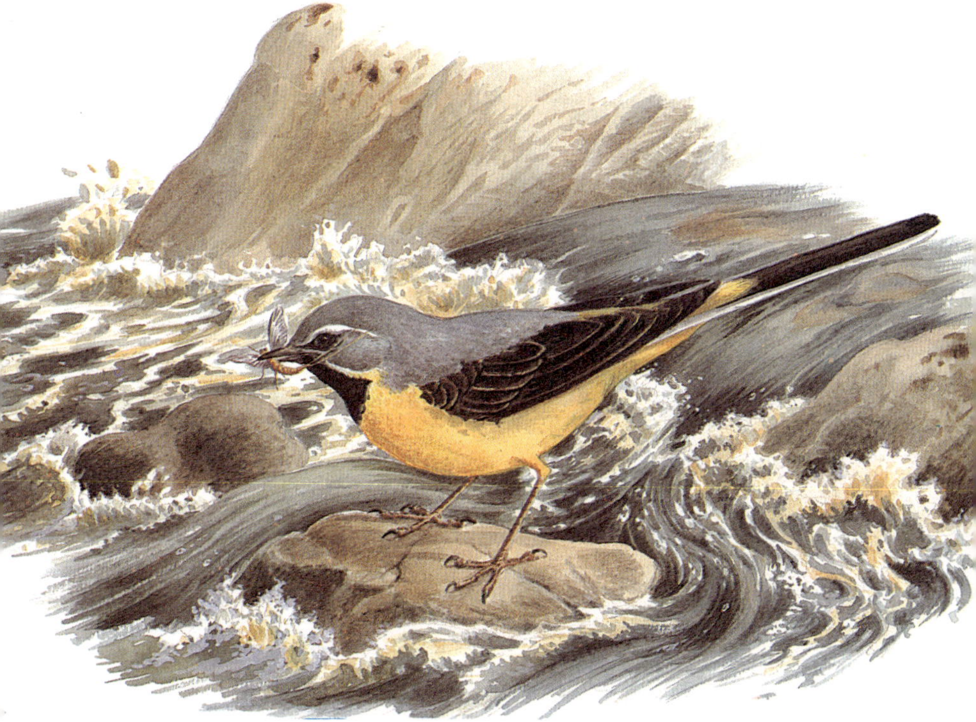

November

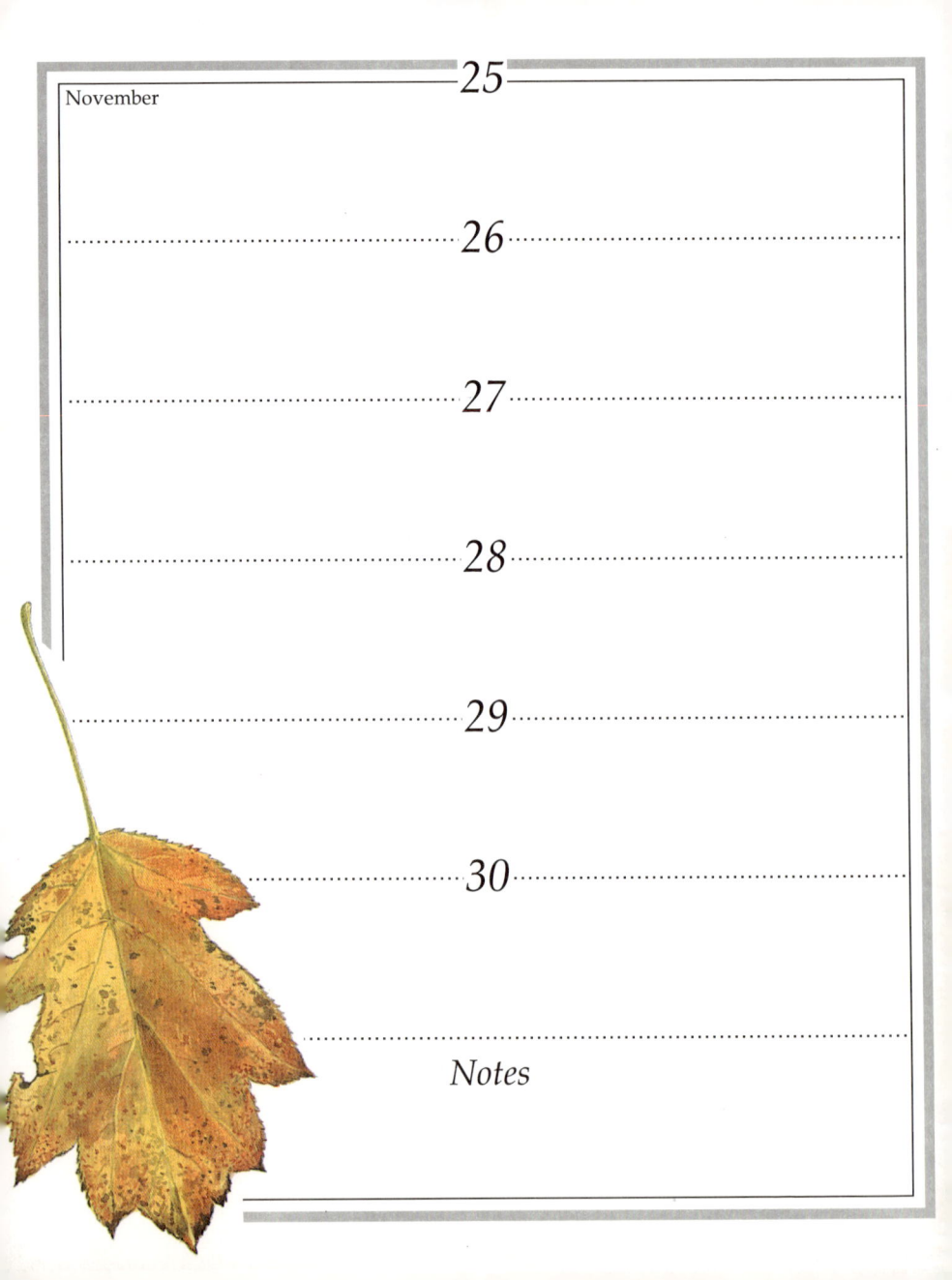

25

26

27

28

29

30

Notes

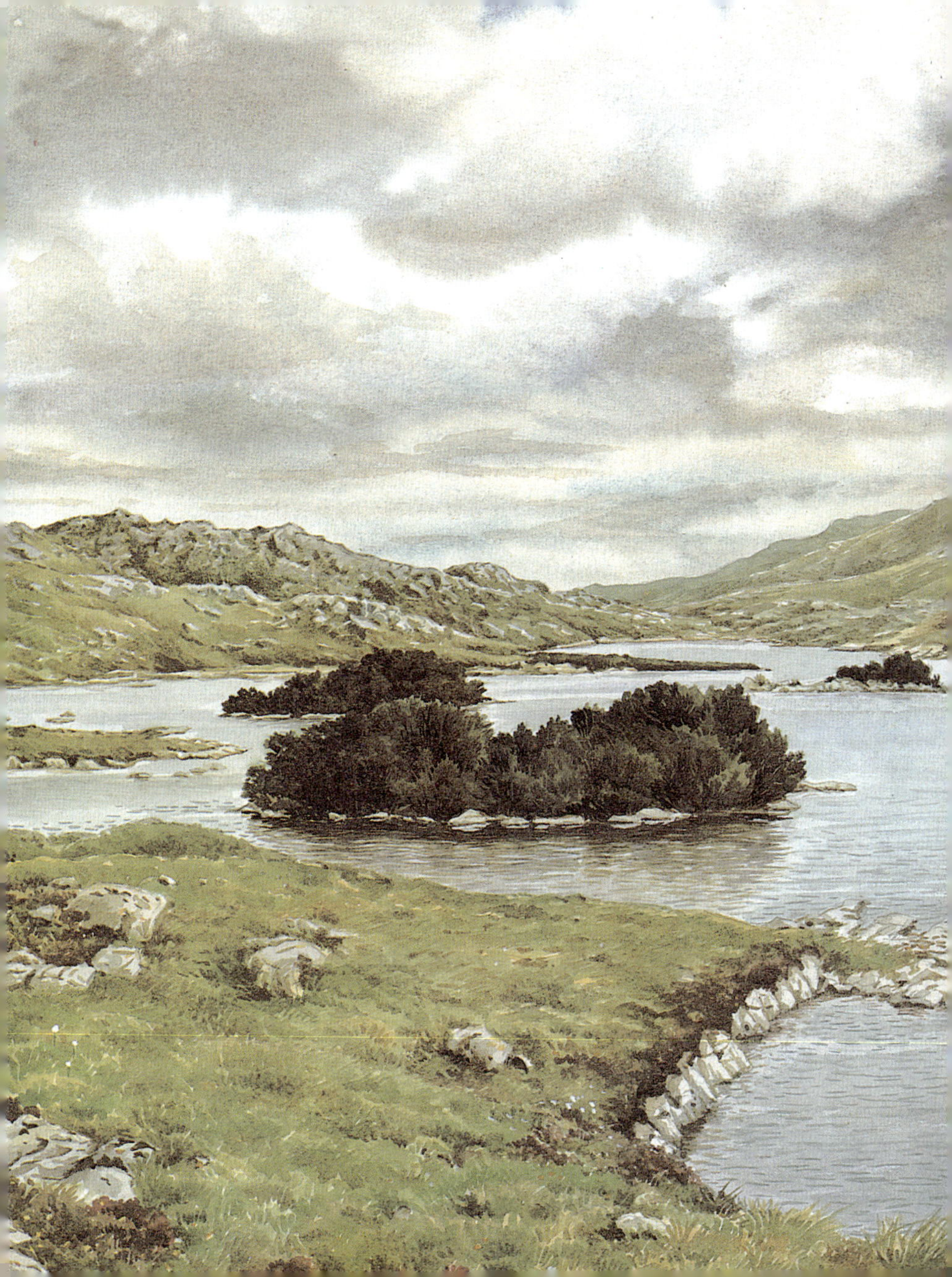

DECEMBER

.... *1* ....

.... *2* ....

.... *3* ....

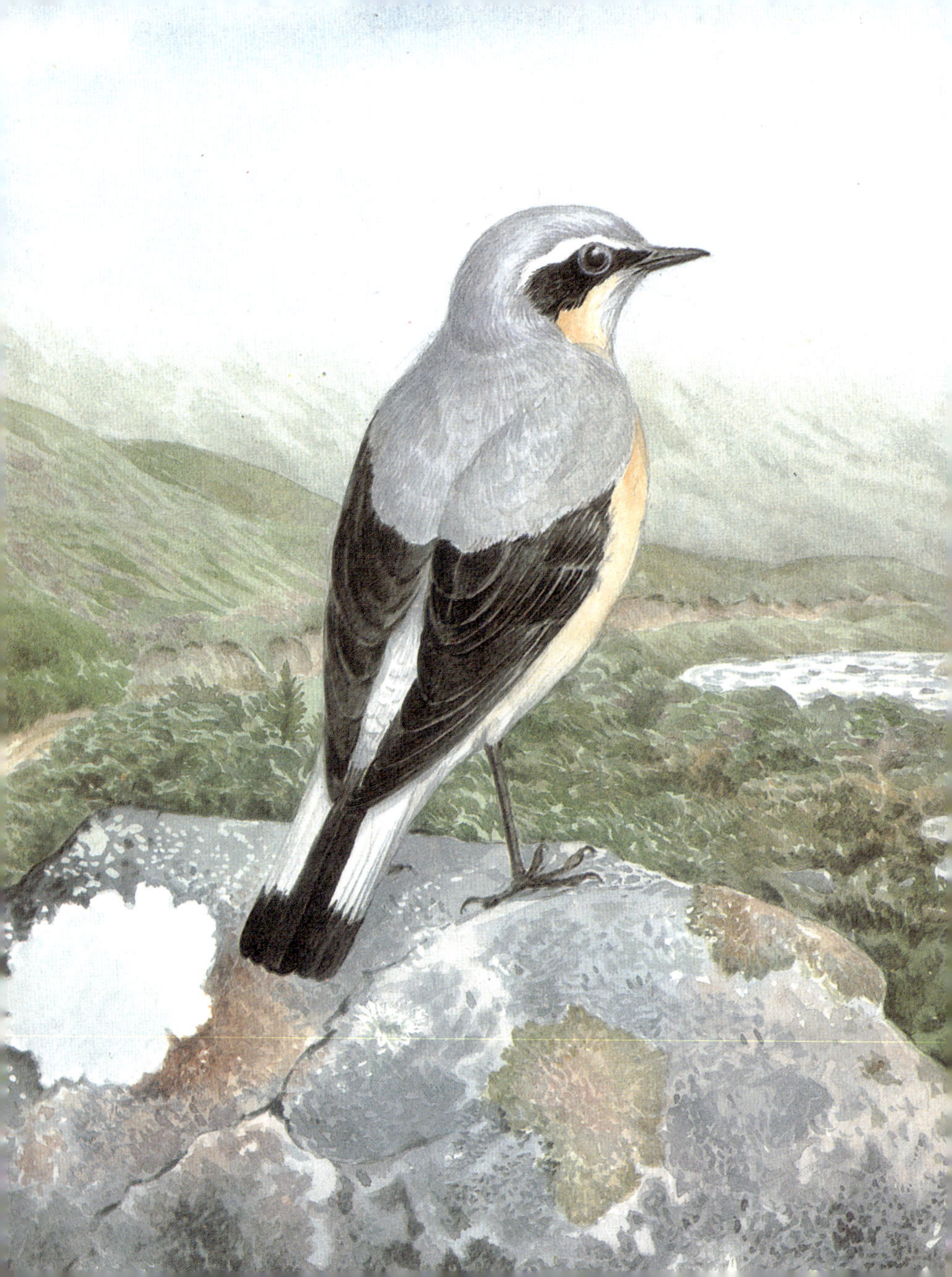

December

4

5

6

7

8

9

10

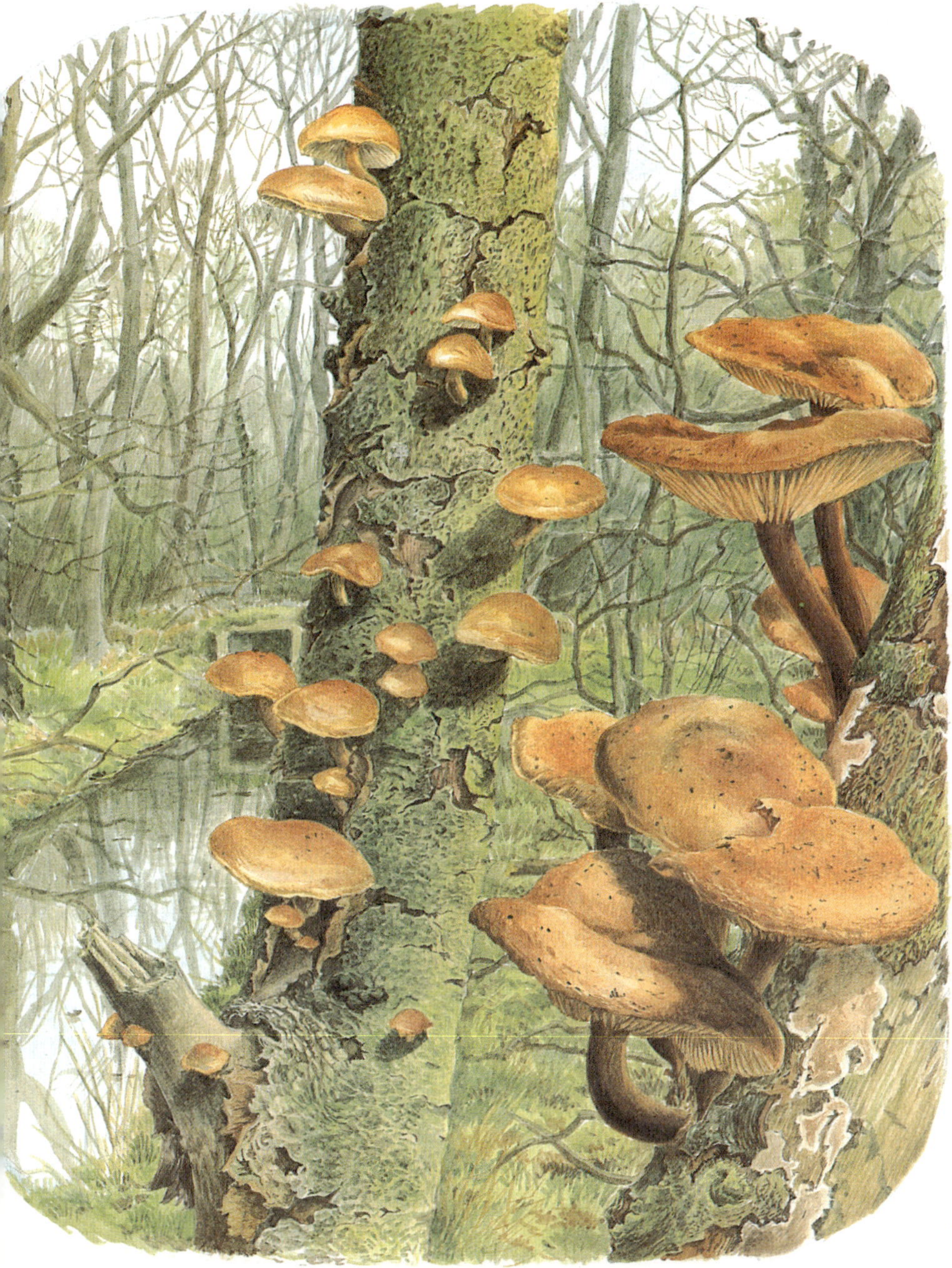

December

11

12

13

14

15

16

17

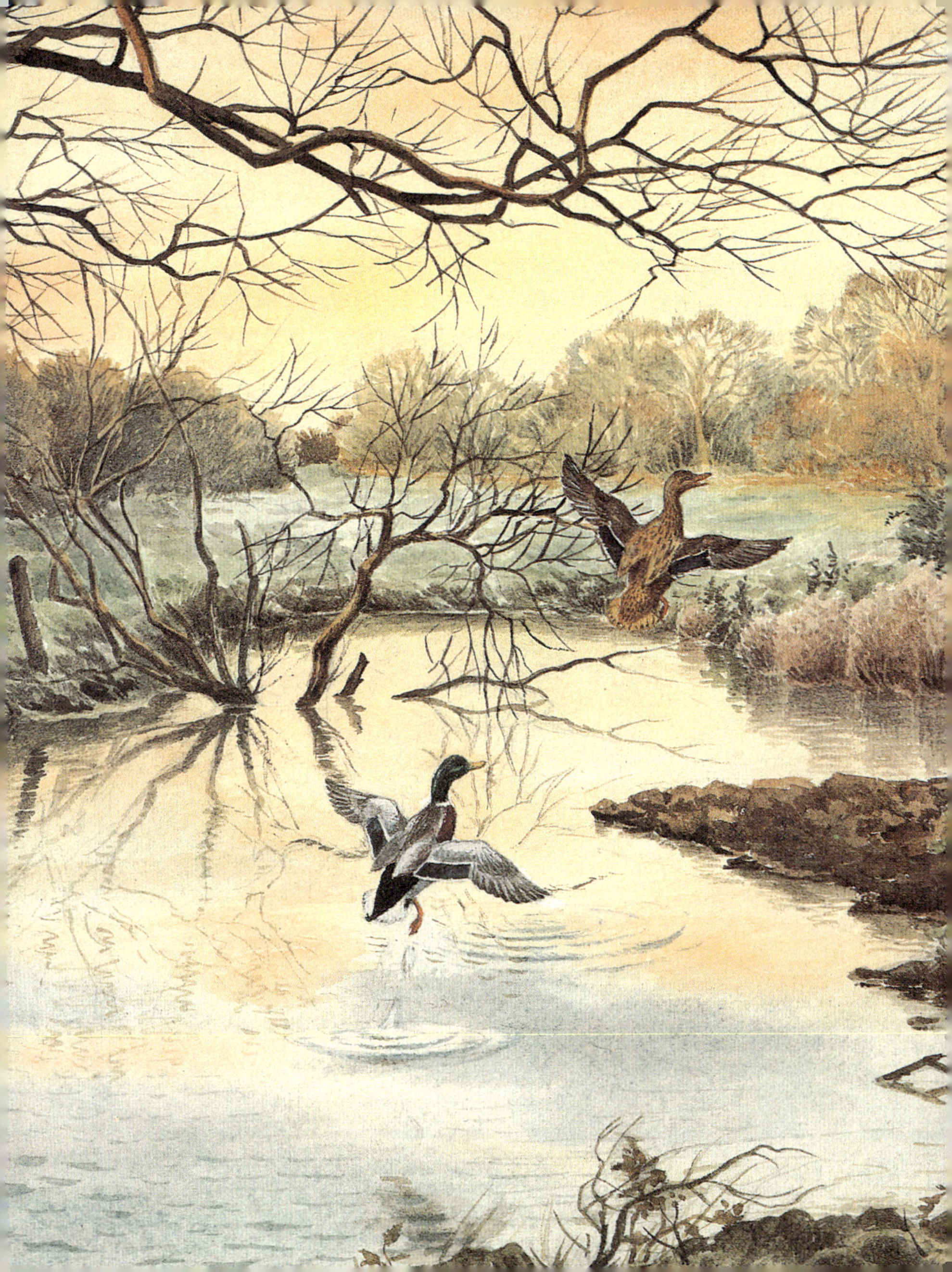

December

18

19

20

21

22

23

24

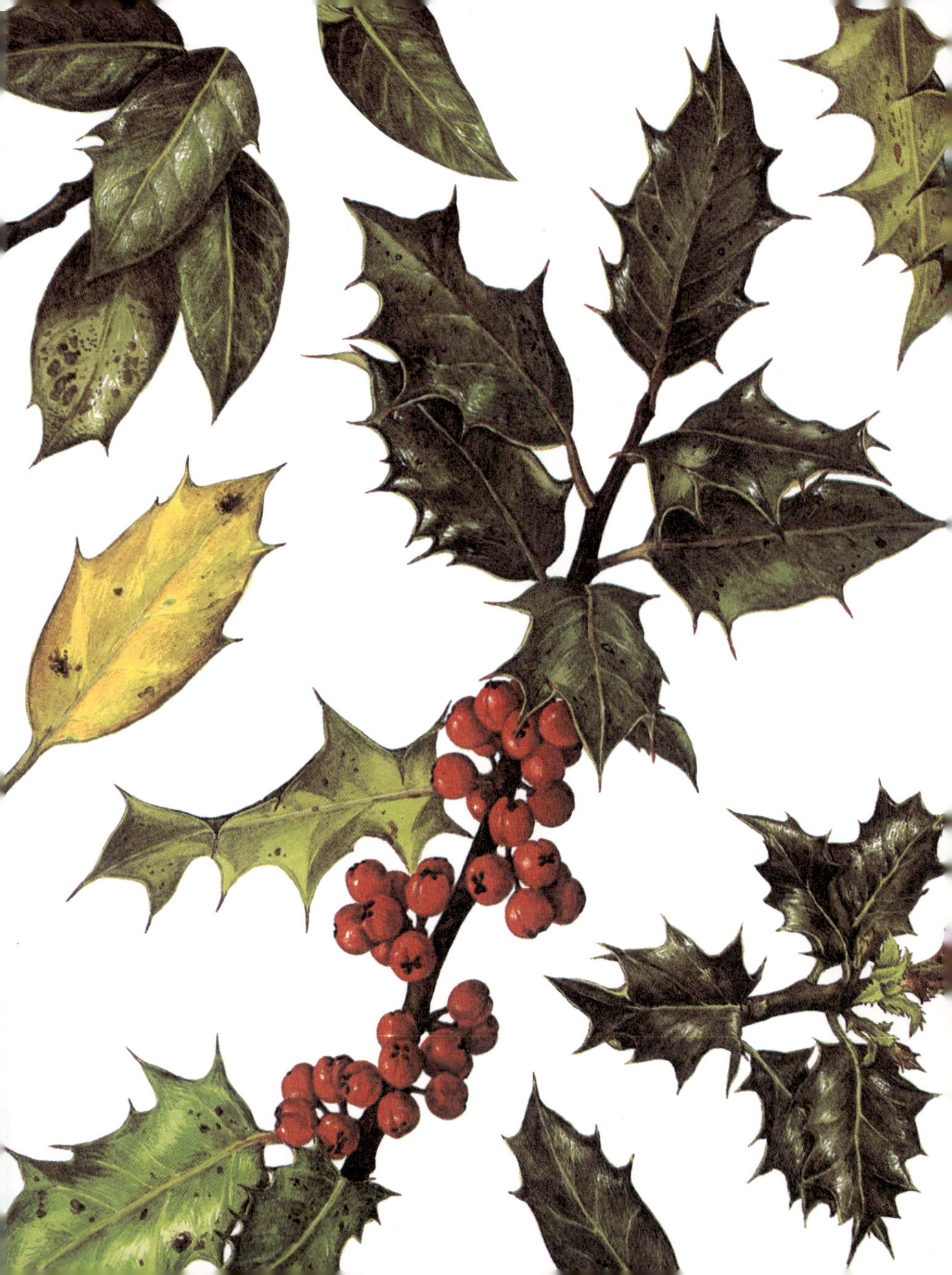

December

25

26

27

28

29

30

31

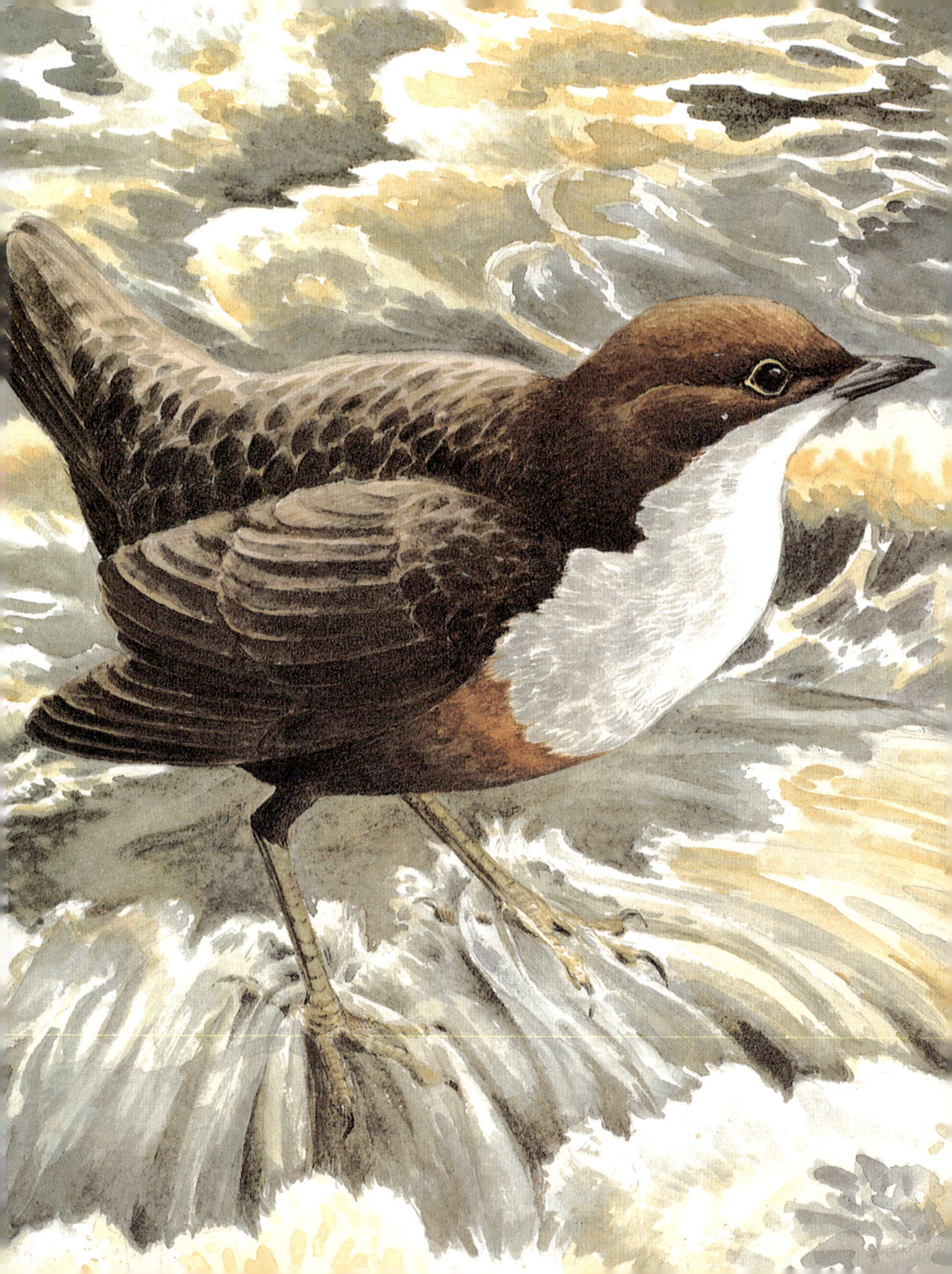

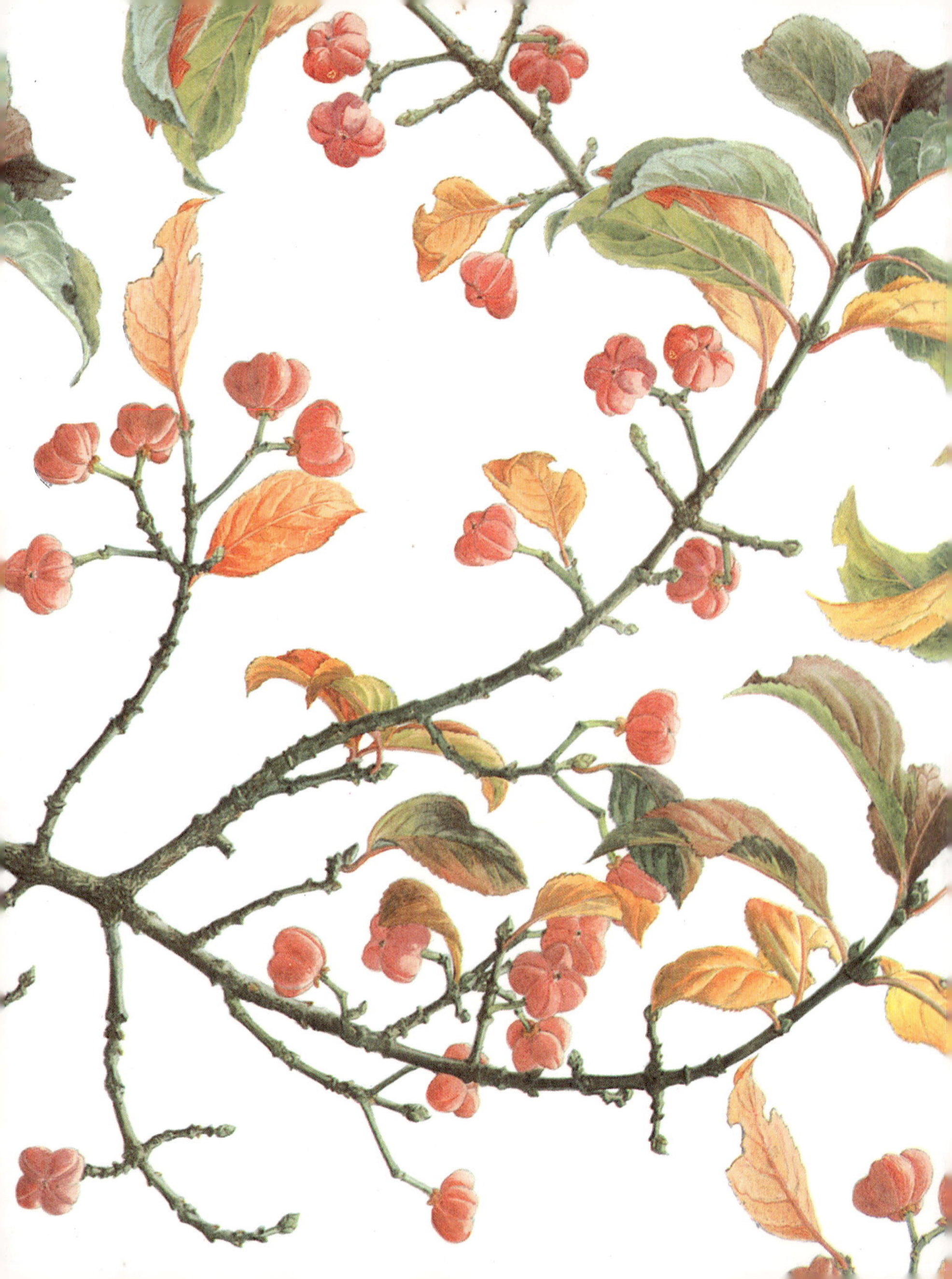